Susanne Lorenz

KÖNIGSBRUNN

Meine Stadt

 Impressum

Königsbrunner Verlag OHG
Marktplatz 6
86343 Königsbrunn

Im Auftrag der Stadt Königsbrunn

Copyright © Königsbrunner Verlag, 2007

Satz: REAL Satz + Druck GmbH, Günzburg

Titelbild: Nördlicher Kreisverkehr der Stadt Königsbrunn
        mit Skulpturen von Josef Lang

ISBN 978-3-9811690-0-3

Der Inhalt dieses Buches ist von Autoren und Verlag sorgfältig erstellt und geprüft worden. Eine Haftung kann nicht übernommen werden.

Inhalt

Vorwort des 1. Bürgermeisters	7
Die Vor- und Frühgeschichte	9
Von der Lechfeldgemeinde zur Stadt	14
Die Bevölkerung	30
Unternehmerinitiativen	36
Die Schulen	48
Vereine	56
Freizeitangebote	64
Kulturleben	70
Naturräume	74
Das Mithraeum	84
Die Brunnen	91
Die Kirche Sankt Ulrich	100
Die Kirche Zur Göttlichen Vorsehung	109
Die Kirche Maria unterm Kreuz	115
Die Kapelle des heiligen Nepomuk	119
Die Kirche Sankt Johannes	123
Das Martin-Luther-Haus	131
Das Lechfeldmuseum	135
Das Naturwissenschaftliche Museum	146
Das Archäologische Museum	152
Impressionen	156
Diagramme zur Entwicklung von Königsbrunn	168
Autorenverzeichnis	170
Bildnachweis	174

Vorwort des 1. Bürgermeisters

Wir sind Königsbrunn!

Aus Anlass des 40-jährigen Jubiläums der Stadterhebung von Königsbrunn ist dieses Buch entstanden, in dem die unterschiedlichsten Aspekte unserer Stadt zur Darstellung kommen. Ich bin mir sicher, dass damit sowohl jungen Menschen, neu zugezogenen Bürgerinnen und Bürgern, aber genauso „alteingesessenen" Königsbrunnern eine vertiefende und anregende Beschäftigung mit ihrem Heimatort ermöglicht wird. Nur mit einem geschärften Blick für die Geschichte und Gegenwart unserer Stadt können wir den Herausforderungen von morgen begegnen.

40 Jahre Stadt Königsbrunn – das ist ein vergleichsweise kurzer Zeitraum, der dennoch von einer geradezu rasanten Entwicklung geprägt war und große Veränderungen mit sich gebracht hat. Das wird in dem vorliegenden Werk, das ein großes Themenspektrum abdeckt, immer wieder deutlich. Königsbrunn muss sich aber auch in Zukunft als konkurrenzfähiger Wirtschaftstandort und als attraktiver Lebensraum bewähren. Unsere Stadtgeschichte lebendig fortzuschreiben, kann nur im Dialog gelingen. Nur in einer gemeinsamen Anstrengung werden wir die Stadtentwicklung vorantreiben und die urbanen Strukturen zukunftsfähig gestalten können: Vorausschauende Kommunalpolitik, unternehmerischer Mut und bürgerschaftliches Engagement sind der Schlüssel zum Erfolg.

In diesem Sinne wünsche ich diesem Königsbrunn-Buch viele interessierte Leserinnen und Leser. Möge es über die reine Informationsvermittlung hinaus zu einem konstruktiven Diskurs anregen und dazu beitragen, das „Wir-Gefühl" in unserer Stadt weiter zu stärken.

An dieser Stelle danke ich ganz ausdrücklich allen, die zur Entstehung des Buches einen Beitrag geleistet haben.

Herzlichst Ihr

Ludwig Fröhlich
1. Bürgermeister

Die Vor- und Frühgeschichte

von Rainer Linke

Archäologie, die Kunde von der Vergangenheit, war anlässlich der Stadterhebung vor 40 Jahren für die meisten Königsbrunner noch ein Fremdwort. Für die Wissenschaftler bedeutete die Stadt und auch das Umland einen weißen Fleck in der archäologischen Landschaft. Außer dem 1917 entdeckten Tuffplattengrab und einigen 1970 ausgegrabenen bronzezeitlichen Grabhügeln im Osten der heutigen Realschule deutete nichts auf eine menschliche Besiedlung im Königsbrunner Raum hin. Erst mit dem Bau des Städtischen Friedhofs zeigten sich erste Spuren römischer Bebauung in Königsbrunn. Bei weiteren Grabungen durch das Bayerische Landesamt für Denkmalpflege und des Arbeitskreises für Vor- und Frühgeschichte, sowie aufgrund von Beobachtungen ehrenamtlicher Mitarbeiter traten weitere Zeugnisse aus allen Epochen der Vor- und Frühgeschichte ans Tageslicht.

Glockenbecherkultur (2300 v. Chr.)

Im Jahr 1994 wurden fünf Glockenbechergräber auf dem Gelände der Firma Ampack ausgegraben. Eine kleine Familie hatte sich hier auf der Lechfeldebene angesiedelt und Acker-

1917 wurde das Tuffplattengrab entdeckt.

Die fünf Glockenbechergräber (2300 v. Chr.) bei der Ausgrabung 1994.

bau betrieben. Wie die Anthropologen später feststellten, waren vier der fünf in Königsbrunn ausgegrabenen Männer miteinander verwandt, da die Schädel eine Kreuznaht aufwiesen, welche nur vererbbar ist. Typisch für dieses Volk ist die Bestattungssitte: Frauen Kopf im Süden, Männer Kopf im Norden, mit Blickrichtung immer nach Osten. Typisch sind auch die namengebenden Keramikgefäße (Glockenbecher) mit ihren schönen Verzierungen. Daneben wurde auch

Verzierter Glockenbecher aus einem Männergrab.

Frauenschmuck ausgegraben: V-förmig gebohrte Knochenbuckel, die vermutlich als Halskette aufgereiht waren. Ein erst 14jähriger Knabe war wahrscheinlich mit Pfeil und Bogen ausgestattet, denn er trug eine steinerne Armschutzplatte am linken Handgelenk, damit beim Abschießen des Pfeils durch die zurückschnellende Sehne nicht die Hauptschlagader verletzt wurde. Zwei Schnecken aus dem Mittelmeerraum bestätigen die An-

nahme, dass dieses Volk von Spanien nach Osten gewandert ist und das Gebiet des heutigen Europas fast vollständig besiedelte. Die damals im Königsbrunner Raum lebenden Menschen sind somit bis zum heutigen Tag die ältesten Siedler auf dem Gelände der Brunnenstadt.

Frühe Bronzezeit (2300 bis 1800 v. Chr.)
Gleich fünf Nekropolen kann Königsbrunn aus dieser Zeit aufweisen. Das bekannteste ist das Tuffsteinplattengrab, das 1917 beim Pflügen eines Ackers entdeckt und 1918 nach Ende des Ersten Weltkrieges ausgegraben wurde. Es ist das einzige Steinkistengrab aus jener Zeit in Süddeutschland. Bei den frühbronzezeitlichen Bestattungen in der Simpertstraße (zwei Gräber), in der Kiesgrube Burkhart (13 Gräber), an der Afra-/Augustusstraße (44 Gräber) und ein erst in jüngster Zeit entdecktes Gräberfeld, Typ Singener Gruppe, fehlen bis heute die dazu gehörigen Siedlungen.

Späte Bronzezeit (1400 bis 1200 v. Chr.)

Restaurierte Bronzefunde aus Brandgräbern.

Um die bereits vorher erwähnten Glockenbechergräber lagen 24 Brandgräber mit reichen Keramik- und Bronzebeigaben. Hier wurden die Toten verbrannt und ihnen Speise und Trank, aber auch Schmuck oder Waffen für ihr neues Leben mit ins Grab gegeben. In unmittelbarer Nähe befand sich ein weiteres, etwas jüngeres Brandgräberfeld (7 Gräber) mit reichen Beigaben, welches noch nicht vollständig ergraben wurde. Auch aus dieser Zeit sind bis heute dazu gehörige Siedlungen noch nicht bekannt.

Urnenfelderzeit (1200 bis 800 v. Chr.)
Aus dieser Epoche konnten die ersten Siedlungsspuren an der Gartenstraße nachgewiesen werden. Eine Töpfersiedlung mit Getreidespeicher lag auf den Hanggelände der heutigen Kleingartenanlage Bobinger Bergl. Die notwendigen Brennöfen für die Herstellung von Keramik wurden östlich davon in der Nähe der Wertachstraße ausgegraben. Hierzu fehlt jedoch das passende Gräberfeld. Dagegen wurde im Bereich der Grundschule West ein Brandgräberfeld (7 Gräber) angeschnitten.

Hallstattzeit (800 bis 450 v. Chr.)
Die Entdeckung von keltischer Besiedlung im Königsbrunner Raum war spektakulär. Zum ersten Mal wurde südlich von Augsburg ein Teil einer späthallstattzeitlichen Siedlung an der Hunnenstraße durch den Arbeitskreis freigelegt. Dabei konnten die Grundrisse von ca. 45 ehemaligen Holzhäusern mit Getreidespeichern ermittelt werden. Funde wie mehrere Spinnwirtel, 25 Webgewichte, Bronzefibeln und Schmuck, verschiedene Werkzeuge und Eisenschlacke (vermutlich eines

Ausgrabung einer Steinsetzung in der hallstattzeitlicher Siedlung (450 v. Chr.) bei der Hunnenstraße.

Schmieds) deuten auf eine rege Siedlungstätigkeit um 450 v. Chr. hin. Des Weiteren wurden ein Einzelgehöft, Gräber sowie Kreisgräben, deren Bedeutung bis heute noch nicht ganz klar ist, im Bereich der Augustusstraße ausgegraben.

Latènezeit (450 bis 15 v. Chr.)
Auch aus der Latènezeit, der Hochblütezeit der Kelten, konnten erste Siedlungsspuren in Königsbrunn gefunden werden. In der Rosenstraße sicherte der Arbeitskreis Keramikscherben mit typischer Graphitmagerung aus dieser Epoche.

Römische Kaiserzeit (15 v. Chr. bis ca. 400 n. Chr.)

Die Via Claudia Augusta ist die wichtigste Straßenverbindung von Italien durch die ehemalige römische Provinz Raetien bis an die Donau. Sie ist die erste Trockenstraße nördlich der Alpen, die von den Römern 46/47 n. Chr. ausgebaut worden ist und durch Königsbrunn fast parallel zur B17 alt verläuft. Eine Abzweigung mit Straßengräben im Königsbrunner Stadtgebiet führte zum Gelände des Städtischen Friedhofs. Man nahm zuerst an, dass hier eine villa rustica (römischer Gutshof) stand, da 1976 bei Anlage des Friedhofs acht römische Nebengebäude gefunden wurden. Aufgrund der letzten Grabungen muss dies heute berichtigt werden. Es handelt sich wahrscheinlich um eine größere Straßenstation, vermutlich die letzte vor Augsburg, wenn nicht sogar um einen vicus (römisches Straßendorf), da noch weitere Befunde in den angrenzenden Feldern ruhen. Der Anfang eines großen Entwässerungsgraben mit einer dazugehörigen Wasserschleuse wurde im Nordosten der Grabungsfläche ausgegraben. Hinzu kommt noch das Mithräum, ein römisches Heiligtum, das erst später als solches erkannt wurde. Auf der Wiese gegenüber vom Rathaus, auf der die Römerstraße durchzieht, wurden unter anderem die Pfostenstellungen eines Holzgebäudes nachgewiesen. Die dabei gefundene Keramik ist in die erste Hälfte des ersten Jahrhunderts einzustufen. Im Zusammenhang mit dem

Vor dem Rathaus der Stadt Königsbrunn stand einst ein Holzgebäude während des Ausbaus der Via Claudia Augusta (46/47 n. Chr.).

Ausgrabung der „Villa Rustica" beim Städtischen Friedhof.

Die Vor- und Frühgeschichte

Ausbau der Via Claudia Augusta kann das Holzgebäude als Lagerhaus betrachtet werden. Zwei römische Meilensteine in Königsbrunn markieren die Trasse der Römerstraße (beim Neuhaus und am Parkplatz an der Marktstraße). Zusätzlich zeigt eine farbige Pflasterung auf dem Parkplatz die Breite, die Straßengräben und den Verlauf der Straße. Mit dem Abzug der Römer aus dem Königsbrunner Raum endet der Nachweis von archäologischen Spuren in Königsbrunn.

Eine römische Fibel (Gewandspange) aus Bronze und Emailleeinlagen, ein sogenannter Cabricornus (halb Ziege, halb Fisch).

Römische Silber- und Bronzenmünzen, sowie eine Haarnadel mit Dreiecksgehänge einer vornehmen Frau.

Zusammengefasst kann festgestellt werden, dass bis heute die Epochen Bronze-, Hallstatt- und Römische Kaiserzeit in Königsbrunn dominierend sind. So besitzt Königsbrunn eine großflächige, lückenlose Besiedlung in der Vor- und Frühgeschichte von 2300 v. Chr. bis zum Abzug der Römer ca. 400 n. Chr., die nicht jede Gemeinde oder Stadt in Schwaben und Bayern vorweisen kann.

Die Vor- und Frühgeschichte

Von der Lechfeldgemeinde zur Stadt

von Isabella Engelien-Schmidt und Manfred Kosch

Was sich im Mittelalter auf dem Lechfeld an Leben abspielte, ist ungewiss. Der Lech hatte hier durch seine Überschwemmungen eine große Schotterebene geschaffen. Die geringmächtige Humusdecke und die Nährstoffe wurden durch den wasserdurchlässigen Kies ausgewaschen. Der Wind trocknete den Boden zusätzlich aus. Nur wenige Baumarten konnten auf der steppenartigen Ebene mit den Magerwiesen wachsen. Für die Reisenden war der Weg über die trockene, oft windige und im Sommer heiße Ebene mühsam. 1688 wurde der Gasthof Neuhaus an der Stelle, wo sich die neue Hochstiftstraße und die alte Via Claudia schnitten, errichtet. Er war Pferdewechselstation und gleichzeitig Zollstelle. Dort mussten die Nutzer der Straße ihre Gebühren entrichten. Auf der 18 km langen Strecke zwischen Klosterlechfeld und Haunstetten konnten sich die Reisenden endlich erholen. Bis zu 100 Pferde konnten untergestellt werden und für die Fuhrleute standen drei Schlafsäle zur Verfügung. Um 1828 ließen sich auf dem kargen, kiesigen und deshalb preiswerten Lechfeld, auf den „Scheffeläckern", vier verarmte Siedler aus Bobingen nieder. Als König Ludwig I. im Jahr 1833 auf der Strecke nach Klosterlechfeld drei Brunnen graben ließ, damit die Reisenden mit

Postkarte mit der Gastwirtschaft „Zum Neuhaus" und der Nepomukkapelle, um 1900.

Hydrographische Karte von Augsburg und Umgebung von 1849.

Wasser versorgt werden konnten, erwarb der Rentamtmann Georg Geiger aus Schwabmünchen Grundstücke auf dem Lechfeld. In der Nähe eines Brunnens ließ er 1836 drei einfache Holzhäuser errichten, die Michael

Federzeichnung von Konrad Seiler über das Leben in einem Siedlerhaus.

Vogel und Karl Leber erwarben. Da Geiger Grundstücke der Bobinger Bauern tauschte und verkaufte, wurde er zu dem eigentlichen Gründer Königsbrunns. Die niedrigen Grundstückspreise lockten die Siedler aus einem weiten Umkreis an. Sie kamen bis aus Hessen, Baden-Württemberg, dem Donaumoos, der Dachauer und Aichacher Gegend und besonders aus dem Ries. Schon im Jahr 1840 waren gut 60 Siedler zu verzeichnen. Die Brunnen selbst wurden von den „dankbaren Wallfahrern und Reisenden die "Königsbrunnen" genannt. Damals zur Bobinger Gemeinde gehörend, wurde das unfruchtbare Lechfeld von den Bobinger Bauern nur als Viehweide genutzt und für wertlos gehalten. Durch das Kaufinteresse der Siedler wurde den Bauern der Wert des steinigen Baulandes bewusst und es entwickelte sich nun, wie die Kaufverträge zeigen, ein überaus schwunghafter Handel. Manches Land soll um einen Humpen Bier beim sonntäglichen Frühschoppen erworben worden sein. Die Gemeinde Bobingen protestierte zwar gegen die Besiedlung des Lechfeldes. Sie befürchtete, es würden sich Leute ansiedeln, die der Armenkasse zur Last fallen könnten. Tatsächlich war ein Teil der Siedler sehr arm, konnte sich nur etwas Grund kaufen und eine armselige, provisorische Hütte bauen. Der Zuzug war jedoch nicht mehr aufzuhalten. In den Jahren von 1840 – 1845 hatten die Neusiedler zusätzlich mit Frost- und Hagelperioden zu kämpfen, die die Ernte vernichteten. Wenn auch aufgrund des mageren Bodens einige Familien wieder abwandern mussten, so kamen dafür andere. Denn damals wurden von den Behörden Heiratsanträge nur bewilligt, wenn eigener Grund nachzuweisen war. Deshalb nutzten auch zahlreiche Knechte und Mägde die Möglichkeit des billigen Landerwerbs und verkauften nach der Heirat das Anwesen wieder weiter. Als daraufhin das Landgericht Schwabmünchen zeitweise Heirats-, Ansitz- und Baugenehmigungen versagte, wurde eben ohne amtliche Erlaubnis gesiedelt. So war gut ein Drittel der Paare nicht verheiratet und viele Kinder waren unehelich. Deshalb wurden die Kolonisten in den umliegenden Gemeinden als „Lumpenbacher" bezeichnet. Die Düngemethoden trugen ebenfalls nicht dazu bei, den Ruf der Kolonie zu verbessern. Der

Boden war zum Anbau von Feldfrüchten zu karg und das Geld zum Kauf von Dünger fehlte den Siedlern. Die 1838 zugezogenen Gebrüder Jakob und Matthias Wahl begannen damit, die dünne Grasnarbe in Rasensoden zu schneiden, hohe Meiler aufzuschichten und zu verbrennen. Ab 1840 brannten diese Meiler, mit deren Asche die Felder gedüngt wurden, verbreitet auf dem Lechfeld. Da auch diese Methode den Boden auf Dauer auslaugte, begannen die Siedler in der Stadt Augsburg die Abortgruben zu leeren und düngten mit dem Inhalt ihre Felder. Nur nachts durfte die Arbeit erfolgen und die Anfahrt der Odelwagen vor dem Roten Tor wurde in Augsburg mit dem Ruf begleitet: „Die Königsbrunner Artillerie rückt an!" oder „Die Nachtkönige kommen!"

und zog sich über sechs Kilometer hin. Im Osten zum Lech hin, bildete sich eine planlose bis 3 Kilometer breite Streusiedlung, die aufgrund der scharfen Ostwinde „Russland" genannt wurde. Hier war der Boden noch schlechter. Jahrelang mussten die Kinder in die verschiedenen Nachbarorte wie Haunstetten, Bobingen und Oberottmarshausen zur Schule gehen, was allein schon aufgrund des Schulgeldes mit den umliegenden Gemeinden immer wieder zu Schwierigkeiten führte. Zur Kirche mussten die katholischen Siedler nach Bobingen gehen. Die evangelischen Kolonisten wurden von der evangelischen Kirche St. Ulrich in Augsburg betreut. Für die Konfirmanden bedeutete es, dass sie zweimal in der Woche zwei Stunden zu Fuß in das 12 Kilometer entfernte Augsburg wandern mussten.

Am Neujahrstag 1840 wandten sich die Siedler, damals schon 38 Häuser zählend, erstmals mit einem Gesuch

Familie Knaller vor ihrem Anwesen mit der Hausnummer 8 (später Haunstetter Straße 15) mit der typischen Bauweise in Königsbrunn, um 1930.

Die Besiedlung erfolgte in schmalen Hofstellen mit anschließender Parzelle auf beiden Seiten direkt an der Straße

Schreiben vom 13. Januar 1842 der Regierung von Schwaben und Neuburg an das Landgericht Schwabmünchen über die Erhebung der Kolonie Königsbrunn zur Gemeinde.

um eine eigenständige Gemeinde an die königliche Regierung. Aber erst 1842 hatten die Eingaben und Beschwerden, auch seitens der Nachbargemeinden, Erfolg. Auf die letzte Eingabe von Jakob und Matthias Wahl sowie von Friedrich Freeß, die über das Landgericht Schwabmünchen an die Regierung herangetragen wurde, teilte die Königliche Regierung von Schwaben und Neuburg am 13. Januar 1842 mit, dass sie der Erhebung zu einer eigenen Gemeinde zustimme. Allerdings dauerten die Verhandlungen um die Gemeindegrenzen noch ein weiteres Jahr an. Da der Neuhauswirt sich wehrte, gehörte er der neuen Gemeinde nicht an – 1890/91 wurde er im Rahmen der Gebietsausdehnung umgemeindet und die Gemeinde hieß von da ab „Königsbrunn mit Neuhaus".

Der bereits erwähnte bayerische König Ludwig I. ist mit der Geschichte der Stadt Königsbrunn untrennbar verbunden. Es handelt sich um eine Verbindung, welche sich bereits in der Gründungs-Proklamation der Kolonie Königsbrunn manifestiert, auch dann, wenn diese Gründungsproklamation, verbunden mit dem königlichen Auftrag zum Bau von drei Brunnen, bis zum heutigen Tage im Bayerischen Staatsarchiv nicht auffindbar ist, und auch das genaue Datum des königlichen Erlasses bis zum heutigen Tag im Dunklen liegt – es stammt vermutlich aus dem Jahre 1833. Diese von König Ludwig I. unterschriebene Urkunde ist gleichsam die „Urzelle" der Lechfeldgemeinde Königsbrunn und damit auch „Keimzelle" der im Jahre 1967 zur Stadt erhobenen Gemeinde.

Ludwig wurde am 25. August 1786 in Straßburg geboren. Mit neun Jahren verlor er seine Mutter Auguste Wilhelmine, eine geborene Prinzessin von Hessen-Darmstadt. Während seiner Ausbildungszeit studierte der Prinz und spätere erste bayerische Kronprinz an den Universitäten in Landshut und Göttingen. Bildungsreisen nach Italien ließen in ihm die Wertschätzung der klassischen Antike erwachen, was zu den großartigen Bauten inner- und außerhalb Münchens führen sollte.

Königin Therese und König Ludwig I. von Bayern im Krönungsornat.

Mit 23 Jahren heirate Ludwig, auf Vorschlag seines Vaters König Max I. Joseph, die 17jährige Prinzessin Therese von Sachsen-Hildburghausen, die am 8. Juli 1792 in dem Jagdschlösschen Seidingstadt bei Hildburghausen geboren war und am Hof in Hildburghausen in einer kunstsinnigen Atmosphäre aufgewachsen ist. Die feierliche

Verlobung des bayerischen Kronprinzen Ludwig und der Prinzessin Therese fand am 12. Februar 1810 in Hildburghausen statt. Nach mehrfachem Aufschub folgte die Vermählung am 12. Oktober in der Hofkirche der Münchner Residenz. Ludwig hatte versucht, die evangelische Prinzessin zur Konversion zu überreden, doch war ihm dies nicht gelungen. Die Hochzeitsfeierlichkeiten in München dauerten fünf Tage. Eines der Feste, welches das Königshaus gemeinsam mit dem Volk feierte, war ein Pferderennen der National-Kavallerie am 17. Oktober 1810 auf einer Wiese, die nach der Kronprinzessin „Theresienwiese" heißen sollte. Im folgenden Jahr wurde das Fest wiederholt und mit der deutschen Landwirtschaftsausstellung verbunden – das größte Bierfest der Welt, das Oktoberfest, war geboren. In den folgenden Jahren wohnte das Kronprinzenpaar im Winter in Innsbruck, im Sommer in Schloss Mirabell bei Salzburg, dann standen ihm einige Zeit die ehemalige fürstbischöfliche Residenz in Augsburg und die Schlösser in Aschaffenburg und Würzburg zu Verfügung. So kamen die neun Kinder des Kronprinzenpaares an verschiedenen Orten zur Welt. Unter dem zweiten Bayernkönig trat das monarchische Prinzip wieder deutlicher zutage: Ludwig I. hatte hohe Vorstellungen von seinem Amt. Er sah im Königtum einen göttlichen Auftrag. Dies bewirkte zum einen eine starke moralische Verpflichtung, welche er für sich sah, zum anderen ein autokratisches Herrschaftsverständnis. Seine Minister waren für ihn daher lediglich Diener, er bezog sie kaum in seine Entscheidungsfindung mit ein. Der König wollte alles selbst bestimmen, was er durch eine Vielzahl von schriftlichen Anweisungen zu erreichen suchte. Er interessierte sich für alles und entschied möglichst alles selbst. Besprechungen mit seinen Ministern vermied er. Auch sein Verhältnis zur Volksvertretung gestaltete sich auf Grund seines Herrschaftsverständnisses zunehmend problematisch.

Als Kronprinz noch liberal eingestellt, war er es gewesen, der sich bei der Ausarbeitung der Verfassung von 1818 mit Erfolg für eine liberale Ausgestaltung und damit für eine bessere Stellung der Volksvertretung eingesetzt hatte. Doch dafür erwartete der König Dankbarkeit von den Volksvertretern und grundsätzlich keine Opposition gegen seine Politik. Als König in einer konstitutionellen Monarchie verfolgte Ludwig I. nach seinem Regierungsantritt bald eine reaktionäre Politik, welche alle demokratischen Regungen gleichsam im Keim erstickte. 1825 übernahm Ludwig I. den Staat mit einer Schuldenlast von 16 Millionen Gulden. Seine ersten Gesetzesinitiativen galten daher der Vereinfachung der Verwaltung und Sanierung der Finanzen. Durch seine kluge Finanzpolitik sanierte Ludwig zunächst den Staatshaushalt. Die katholische Kirche erhielt unter ihm den Platz im öffentlichen Leben zurück, den sie durch die Säkularisierung verloren hatte. So setzte der König gegen den Widerstand, der liberalen Minister, der Mehrheit in der

Abgeordnetenkammer und der Presse Bayerns die Wiedereinsetzung der kirchlichen Orden durch.

Auch die Wirtschaft erblühte unter Ludwig I.: 1833 trat Bayern dem Deutschen Zollverein bei. Seit 1835 verkehrte die erste deutsche Eisenbahn zwischen Nürnberg und Fürth. 1839 folgte die Line München-Augsburg. Gerade in die Zeit des Aufbruchs fällt die Gründung der Lechfeldgemeinde. Damit steht Königsbrunn gleichsam als Ausdruck königlichen Willens, als Symbol einer neuen Zeit. Unter dem Gesichtspunkt der historischen Stämme teilte der König sein Land in acht Kreise auf, aus denen die späteren Regierungsbezirke wurden. Ludwig I. nannte sich nun nicht mehr nur König von Bayern und Pfalzgraf bei Rhein, sondern auch Herzog von Franken und in Schwaben. Das bis heute gebräuchliche Staatswappen ließ er entsprechend gestalten.

Zur Zeit der Gemeindeerhebung hatten sich in Königsbrunn 95 Familien in 76 Häusern und Behausungen niedergelassen. Das waren 184 Erwachsene und 219 Kinder. 1843 zählte man schon 140 Hausnummern. Unter den Kolonisten fand sich auch eine Vielzahl verschiedener Berufe, die meistens neben der Landwirtschaft ausgeübt wurden, wie Schreiner, Zimmermann, Maurer, Glaser, Kalkbrenner, Schmiede, Gerber, Metzger, Bäcker, Krämer, Schuhmacher,

Die Aufnahme zeigt die Bäckerei von Jakob Schreijak an der Hauptstraße, um 1927.

Schneider, Schäffler und Weber. In den ersten Jahren nach ihrer Ankunft hausten die Menschen mit ihrem Vieh in einräumigen Holzverschlägen. Die planlos ins Lechfeld gesetzten Behausungen erforderten ein Wegenetz, Schulen und Kirchen wurden notwendig. Nach ihrem Aufbau bestanden die meisten Anwesen aus einem niedrigen giebelständigen Wohnhaus mit Erd- und ausgebautem Dachgeschoss. Der

Die Aufnahme zeigt die Wagnerei von Friedrich Knecht an der Hauptstraße, um 1910.

Von der Lechfeldgemeinde zur Stadt

Stall schloss unmittelbar an. Die daran gebaute Scheune war höher, so dass die beladenen Wagen einfahren konnten. 1841 suchten sich die Protestanten mit Genehmigung der Regierung, einen Lehrer, Jakob Hauser, den sie selbst entlohnen mussten. Matthias Wahl stellte in seinem Haus ein größeres Zimmer als Schulraum zur Verfügung. Mit der Gemeindeerhebung wurde die Genehmigung für den Bau von zwei Schulhäusern und zur Anstellung von zwei Lehrkräften erteilt. Zunächst fehlten jedoch die finanziellen Mittel. Nun hatten auch die Katholiken erst im „Neuhaus", dann in der Werkstätte des Schreinermeister Ruprecht einen Raum gemietet. 1848 standen eine katholische und eine evangelische Schule, das heutige Café Mozart,

Das frühere evangelische Schulhaus, heute Café Mozart, im Hintergrund die evangelische Kirche St. Johannes und das alte Pfarrhaus.

Das evangelische Schulhaus erbaut 1848 (heute Café Mozart), um 1900.

die durch den Bevölkerungszuwachs ständig erweitert und durch Neubauten ergänzt werden mussten. 1898 musste schon ein neues evangelisches Schulhaus erstellt werden. 1852 befanden sich unter 202 Familien 185 Landwirte, davon 18 im Nebenerwerb, 14 Tagelöhner und drei Nichtlandwirte. Meist handelte es sich um kleinbäuerlichen Besitz unter 5 Hektar. Unter diesen Bedingungen nutzten die Siedler jede Möglichkeit zum Zu- und Nebenerwerb. Der nach den Frühjahrsüberschwemmungen des Lechs in den Bodenmulden zurückgebliebene Tuffsand wurde gesiebt und als Scheuersand in Augsburg verkauft. Große Flächen der Nachbargemeinden wurden von den „Oekonomen", wie die Bauern damals genannt wurden, mitbewirtschaftet. Mit Beginn der Industrialisierung waren in Haunstetten 1832 das Textilwerk Martini entstanden und 1856 die Haunstetter Spinnerei und Weberei. Zahlreiche Königsbrunner verließen morgens um vier Uhr zu Fuß ihr Anwesen und schritten die kilometerlange, schnurgerade Haunstetter Straße entlang, um rechtzeitig um sechs Uhr zu Arbeitsbeginn dort zu sein. Nach 12 Stunden Arbeit mussten sie abends die gleiche lange Strecke zurückmarschieren.

Nachdem die Gottesdienste der Katholiken jahrelang im umgebauten Schulstadel abgehalten worden waren, konnte 1855 zur 900-Jahr-Feier des Sieges der Schlacht auf dem Lechfeld der Grundstein zur katholischen Ulrichskirche gelegt werden. Aus dem historischen Anlass war sogar Prinz Ludwig in Bayern zu der Feier gekommen, an der angeblich über 1.000 Menschen teilnahmen. Ein Bauzuschuss erleichterte der katholischen Gemeinde die gewaltigen Baukosten. So musste die evangelische Bevölkerung auch einige Jahre länger um ihre Kirche ringen. Aber auch hier konnte 1859 der Grundstein zur St. Johannes Kirche gelegt werden. Nun betreute das evangelische Pfarramt noch Bobingen, Klosterlechfeld, Graben, Kleinaitingen und Oberottmarshausen. Erst 1954 schieden Bobingen und Klosterlechfeld aus.

Um die Jahrhundertwende lebten schon 1954 Menschen in der Gemeinde und 1939 wurden 3026 Einwohner verzeichnet. Ab den 30er Jahren machte sich allgemein der wirtschaftliche Aufschwung bemerkbar. 1935 entstand die Wohnsiedlung „Königsbrunn Nord", 1937 sogar ein öffentlicher Kindergar-

Postkarte von Königsbrunn mit örtlichem Gewerbe und Straßenansichten, um 1924.

ten. Immer mehr Anwohner konnten an die elektrische Versorgung angeschlossen werden. Obwohl mit dem Anwachsen des Ortes der Bedarf an Handels- und Gewerbeeinrichtungen stieg, blieb das Gewerbe bis auf wenige Ausnahmen Nebentätigkeit. Der Kauf und die Fertigstellung des evangelischen Gemeindehauses, einer ehemaligen Geschützremise aus Lagerlechfeld, die 1934 am Sonntag nach Erntedank eingeweiht werden konnte, bot endlich die Möglichkeit

Westlich der evangelischen Kirche St. Johannes stand der Gemeindesaal, Luftaufnahme von 1955.

Von der Lechfeldgemeinde zur Stadt

großer Veranstaltungen. In dem einzigen größeren Raum im Ort fand unter anderem der Unterricht der Landwirtschaftlichen Berufsschule statt – aufgrund geringer Schülerzahl wurden die drei Klassen gleichzeitig unterrichtet. Der TSV führte dort seine Theaterspiele auf und ebenso nutzen ihn der „D'Lechauer" Heimat- und Volkstrachtenverein sowie der Gesangsverein „Liederkranz". Am wichtigsten waren jedoch die Filmvorführungen und die Wochenschauen,

Im Sommer 1937 halfen die Bürger beim Bau des ersten Kindergartens an der Heimgartenstraße.

die den Duft der großen weiten Welt nach Königsbrunn trugen. Zwar hatte die NSDAP 1938 versucht, den Raum zu kaufen, der Landeskirchenrat verstand es jedoch, den Kauf zu verhindern. Alle in der Nazizeit amtierenden Pfarrer hatten mit dem Regime öffentliche Auseinandersetzungen und wurden dafür diskriminiert oder gemaßregelt. Schon im Ersten Weltkrieg hatte sich der katholische Pfarrer Kugler um die katholischen wie evangelischen Frauen gekümmert. Auch jetzt zogen beide kirchlichen Gemeinden an einem Strang. Große Erschwernisse der Arbeit der Kirchengemeinden traten ab 1938 auf, als die letzten kirchlichen Organisationen staatlich gleichgeschaltet wurden, d. h. in Organisationen der NSDAP übergingen. 1938/39 wurden die Konfessionsschulen aufgelöst und in eine Gemeinschaftsschule umgebildet, so dass der Religionsunterricht vom Schulbetrieb getrennt war.

Der Beginn des Zweiten Weltkrieges löste große Bestürzung aus. Viele Männer mussten vom Acker weg einrücken, die Pferde mussten abgeliefert werden. Man tat dies aus Pflicht, ohne Begeisterung, in der stillen Hoffnung, dass er nicht lange dauern wird. Dennoch brachten die verbliebenen Männer, Frauen und Kinder in Gemeinschaftsarbeit die Ernte, trotz ungünstiger Witterung rechtzeitig ein. Ab nun wurden die Schüler tatkräftig zur Ernte hinzugezogen. Während des Krieges wurden den Bauern von der Gemeindeverwaltung Auflagen für die Abliefe-

Getreideernte bei der Familie Scharrer, um 1945.

rung von Lebensmitteln wie Fleisch und Eiern erteilt. In der Nacht vom 3. auf den 4. Juni 1940 fielen die ersten Bomben ungefähr 400 Meter westlich des katholischen Schulhauses, nur wenige Meter neben das Anwesen von Johann Seckler, ins freie Feld und eine

Kriegerdenkmal für die Gefallenen der beiden Weltkriege.

weitere am südlichen Dorfausgang. Königsbrunn war besonders gefährdet, da es zwischen den Flughäfen Haunstetten und Lagerlechfeld sowie in der Flugrichtung feindlicher Verbände lag. Zwar fielen in den folgenden Jahren noch oft Bomben, doch die lange Ausdehnung des Ortes und seine geringe Breite erwiesen sich als Schutz. Am 25. und 26. Februar 1944 erlebte Augsburg zwei sehr schwere Angriffe, wobei Königsbrunn ständig überflogen wurde. Für die Ausgebombten, die am nächsten Mittag zu Fuß ankamen, wurde der Gemeindesaal als Auffang- und Durchgangslager genutzt. Auch die Schulspeisung des Winterhilfswerkes während der Schulzeit fand in ihm statt. Am 4. November 1944 wurden zahlreiche Spreng- und Brandbomben über dem nördlichen Teil des Dorfes abgeworfen. 18 Häuser wurden zerstört und viele Gebäude beschädigt. Eine Bombe traf den Deckungsgraben des Bauern Schwarzbeck. Acht Personen, darunter der Bauer mit seiner Familie, fanden den Tod. Drei Verschüttete konnten gerettet werden. Die Löscharbeiten dieses Bombenangriffes dauerten 24 Stunden. Zwei Monate später wurde nochmals ein Anwesen vernichtet. Am 28. April 1945 marschierten gegen 19.00 Uhr die amerikanischen Truppen ein. Königsbrunn hatte in diesem Krieg 152 Gefallene, 77 Vermisste und 11 in Gefangenschaft Verstorbene zu beklagen.

Im August 1946 kamen die ersten Flüchtlinge und Vertriebenen, meist über das überfüllte Lager in Bobingen, in das als Flüchtlingsunterkunft beschlagnahmte Gemeindehaus nach

Festwagen der Sudetendeutschen beim Königsbrunner Heimatfest am 27. August 1950.

Von der Lechfeldgemeinde zur Stadt 23

Königsbrunn. Da fast keine Schlafgelegenheiten vorhanden waren, stellten sie familienweise Tische zusammen, um darauf zu schlafen. Es waren ungefähr 50 Personen im Saal untergebracht, bis sie im Spätherbst zu Bauern eingewiesen wurden. Die Verpflegung aus dem Verteilungslager Bobingen bestand aus Nudeln und Milchpulver. Anfangs gab es nicht einmal eine Feuerstelle. Da ein Sturm das Blechdach stark beschädigt hatte und es nur mit Brettern notdürftig abgedeckt war, musste bei Regen eng zusammengerückt werden. Als schließlich mehr als 1000 Flüchtlinge zusätzlich in der Ortschaft untergebracht werden mussten, war dies eine große Herausforderung. Bereits vor dem Krieg waren nahezu überall zwei Haushalte unter einem Dach. Alle einigermaßen wetterfesten, auch nicht beheizbaren Räume wurden für die Unterbringung vorgesehen. Das Zusammenleben war belastend und führte oft zu Differenzen. Nicht nur die räumliche Enge, auch Unterschiede im sozialen Status kamen dazu. Die einheimischen kleinbäuerlichen Großfamilien konnten sich trotz der schweren Zeit selbst versorgen und den Schwarzmarkt beliefern. Die Flüchtlinge dagegen konnten als Lohnabhängige kaum das Existenzminimum sichern und lebten in Notunterkünften. Es musste dringend zusätzlicher Wohnraum geschaffen werden und damit begann die gewaltige Umstrukturierung der Ortschaft. Die Einheimischen lebten in bescheidenen Verhältnissen auf kleinen Parzellen, die wenig Erträge brachten. Es gab keine Betriebe, keine Industrie, in denen die Vertriebenen beschäftigt werden konnten oder die Gewerbeeinnahmen brachten; auch keine Anbindung an die Eisenbahn. Bis 1946 gab es keinen Arzt, bis 1959 keine Apotheke, bis 1952 nur

Im Januar 1959 eröffnete die Apothekerin Margot Kolesnikow die erste Apotheke in Königsbrunn.

die Raiffeisenkasse, keine Bank. Der junge, 1948 gewählte Bürgermeister Friedrich Wohlfahrth, musste deshalb mit dem Gemeinderat vollkommen neue Wege beschreiten.

Am 1. Mai 1949 erwirkte die Gemeinde die Erklärung zum Wohnsiedlungsgebiet. Der mehr als 100 Jahre dauernden ungeregelten Bebauung wurde damit Einhalt geboten. Die Gemeinde übernahm nun bewusst öffentliche Aufgaben für die Baulanderschließung und die Ausstattung mit den notwendigen Versorgungsanlagen wie Strom, Wasser und Kanal. Die ersten 60 Wohnungen wurden in der Adalbert-Stifter-Straße, die nächsten in der Uhlandstraße errichtet. Der erste Bebau-

Die Gemeinde Königsbrunn errichtete 1949 an der Adalbert-Stifter-Straße fünf Wohnblöcke mit je zwölf Wohnungen, Luftaufnahme um 1955.

ungsplan lag 1950 vor und wurde 1953 genehmigt. Um ihren Lebensunterhalt zu verdienen, pendelten die Nebenerwerbslandwirte und Neubürger in die Fabriken nach Augsburg, fanden aber auch in Haunstetten und Bobingen Arbeit. Die Gemeinde wies deshalb Bau- und Industriegelände aus oder trat häufig als Vermittlerin auf, wenn Teile des Besitzes für Bauzwecke abgetreten wurden. Durch die erheblich niedrigeren Baulandpreise fanden sich bald Interessenten. Zogen in den Nachkriegsjahren durchschnittlich jährlich 300 Neubürger zu, so waren es ab 1959 schon 500 und bald an die 1000. Von 1950 – 1967 verdreifachte sich die Zahl der Wohngebäude. Privatleute, aber auch Siedlungsgenossenschaften schufen Blocks und Reihenhäuser wie in den 60er Jahren rund um den Eichenplatz. Bis 1967 wurden gut 350 Wohnungen für Bundeswehrangehörige aus Lagerlechfeld errichtet.

Aufgrund der gestiegenen Bautätigkeit konnte sich die Bevölkerung nicht mehr mit Pumpbrunnen versorgen und von 1950 – 52 wurden die ersten Einrichtungen zur Wasserversorgung

Die Postkarte aus den 60er-Jahren zeigt fünf Straßen, bei denen das Straßen- und Kanalisationsprogramm schon abgeschlossen war.

geschaffen. 1967 waren aber noch nicht alle Außenbereiche und verstreut liegende Anwesen an die Wasserversorgung angeschlossen. Dringend wurde jetzt auch ein Abwassersystem erforderlich. Dazu musste die Gemeinde eng mit Haunstetten und Augsburg

Luftaufnahme um den Eichenplatz, 1967.

Von der Lechfeldgemeinde zur Stadt

zusammenarbeiten, da eine Einleitung der Abwässer nur in die Kläranlage in Augsburg in Frage kam. 1957 konnte mit den Arbeiten begonnen werden und 1967 waren von den 11.000 Bürgern gut 8.000 an das Abwassersystem angeschlossen. Die Verkehrsbelastung auf der durchführenden B 17 war längst unzumutbar. Schon in den 50er Jahren wurden aufgrund des hohen und gefährlichen Durchgangsverkehrs, der auch Verkehrstote forderte, Fuß- und Radwege gebaut.

Am 5. August 1965 hatte Königsbrunn mit der Geburt von Heidi Kunzi 10.000 Einwohner erreicht. Seit 1953 hatten sich die Einwohner verdoppelt. Die Erschließung zwischen Föll- und Wiedemannstraße sowie eines Areals östlich der Bundesstraße zog seit 1965 soviel Unternehmen an, dass sich bis Ende 1967 59 Unternehmen angekauft hatten. Viele bäuerliche Kleinbetriebe gaben in den 60er Jahren auf. Andere Landwirte hatten nun die Möglichkeit, ihre Betriebe auf rentable Größen aufzustocken. Sie erwarben zudem von den angrenzenden Gemeinden Land. Diese Gesundschrumpfung war damals ein Trend in der gesamten Bundesrepublik. Die Landwirtschaft verlor in der Gemeinde Königsbrunn das Schwergewicht. Handels- und Dienst-

Die Luftaufnahme von 1955 zeigt die Tankstelle von Josef Kestel an der Hauptstraße.

Die Firma Hillesheimer führte alles für Haus und Küche, um 1955.

leistungsbetriebe erfuhren eine starke Zunahme. Durch die rege Bautätigkeit siedelten sich Baufirmen, Architekten, Ausbauhandwerker, aufgrund des starken Durchgangsverkehrs auch Tankstellen und Autoreparaturwerkstätten an. Während in den Wohngebieten die Zahl der Lebensmittelgeschäfte stieg,

Die BP-Tankstelle wurde von der Familie Brenner betrieben, um 1956.

blieben die Spezialgeschäfte jedoch der Stadt Augsburg vorbehalten. Im Verwaltungsbereich war die Ortschaft aber immer noch von der Kreisstadt Schwabmünchen abhängig. Dafür erwarb der Ort im Schulwesen eine gemeindeübergreifende Funktion. Durch das rasche Anwachsen wurden 1964/65 eine Realschule und 1966/67 das Gymnasium eingerichtet. Schon 1954 war die König-Ludwig-Schule als Grundschule errichtet worden. Nach dem Bau der König-Otto-Grundschule 1960 wurde sie zur Hauptschule. Damit waren wichtige Anziehungspunkte für einen weiteren Bevölkerungszuwachs erreicht.

In diesem Umschichtungsprozess wollte Bürgermeister Wohlfarth einer Eingemeindung nach Augsburg entgegenwirken und es kam zu der entscheidenden, legendären letzten Gemeinderatssitzung der Wahlperiode 1960/66. Neben den Gemeinderäten hatte er den katholischen Pfarrer Rupert Ritzer und den evangelischen Pfarrer Wilhelm Günzel, die Schulleiter Karl Bauer, Hans Müller, den Sonderschulleiter Hans Fickert, für die Realschule Klaus Thoma und für das Gymnasium R. Baudrexel eingeladen. In der Sitzung teilte Bürgermeister Wohlfarth den Anwesenden mit, dass er beim Bayerischen Innenministerium den Antrag auf Stadterhebung stellen werde.

Die Voraussetzungen dafür waren günstig. Durch einen Architekturwettbewerb hatte die Gemeinde schon eine Zentrumsplanung angedacht, die die Entwicklung zu einer städteartigen Ortschaft deutlich zeigte. 1964 war der Zusatz „mit Neuhaus" auf der Ortsbezeichnung entfallen. 1959 war schon die Genehmigung zur Führung eines eigenen Wappens erteilt worden, das dem Gemeindesiegel eine größere Bedeutung verschaffte. Der Brunnen und die Krone verweisen auf die Entstehung, die Farben Rot – Weiß sind den Bannerfarben des Hochstiftes Augsburg entlehnt. Die Gemeindeverwaltung benötigte nunmehr dringend ein der Verwaltung angemessenes Ge-

Die Ehrengäste verfolgten die Grundsteinlegung für das neue Rathaus am 22. Juni 1966.

bäude, da die Bevölkerung 1965 bereits auf 10394 Anwohner angestiegen war. Ein Neubau, ein richtiges Rathaus, musste her. Die Grundsteinlegung erfolgte, unterstützt durch eine Spende von Frau Walburga Luger, am 22. Juni 1966. Bis April 1966 war das Bürgermeisteramt ein Nebenamt gewesen. Nun begann die Gemeinde der geplanten Stadterhebung entgegenzufiebern.

Von der Lechfeldgemeinde zur Stadt

Die Ernennungsurkunde zur Stadt für das längste Straßendorf Bayerns sollte am 28. April 1967 unterzeichnet werden.

Die Stadterhebung von Königsbrunn entsprach einer Anerkennung der Leistung der Gemeinde in seiner Ent-

Empfang zur Stadterhebung im neuen Rathaus mit dem Innenminister Dr. Bruno Merk (links) und Bürgermeister Friedrich Wohlfarth am 23. Juni 1967.

wicklung von einer Kolonie zu einem Gemeinwesen, besonders in den Nachkriegsjahren. Es war eine Ehrung, die

jedoch vom Freistaat Bayern mit einer Erweiterung der Aufgaben verbunden wurde. Der damalige bayerische Innenminister Bruno Merk betonte in seiner Festansprache, dass der Freistaat der Stadterhebung Königbrunns zugestimmt hatte, da der Ort, aus damaliger Sicht, als Entlastungsstadt einer weiteren Verdichtung Augsburgs entgegenwirken sollte. Es wurde befürchtet, dass die Großstädte die Wohnungs-, Schul- und Verkehrsprobleme nicht mehr bewältigen könnten. Das Ministerium sah es als Aufgabe, diese Entwicklung zu lenken. Deshalb hielt man es für notwendig, auch außerhalb der Großstädte Lebensverhältnisse zu schaffen, die sich mit denen einer Großstadt messen konnten.

Gleichzeitig war die Stadterhebung für Königsbrunn eine Zäsur und zeigte, dass innerhalb weniger Jahrzehnte der Wandel von einer dörflichen Gemeinschaft zu einer Verstädterung weit vorangeschritten war. Unter der Führung des Bürgermeisters und des Gemeinderates mussten städtische Lebensverhältnisse geplant und allmählich umgesetzt werden. Nach der Unterzeichnung der Erhebungsurkunde zur Stadt am 28. April wurde das Ereignis am 12. Mai im Bayerischen Staatsanzeiger veröffentlicht. Augsburg übernahm die Patenschaft.

Festansprache zur Stadterhebung durch den Innenminister Dr. Bruno Merk in der Turnhalle der neuen Realschule am 23. Juni 1967.

Plakat zur Festwoche 1967.

Die Festwoche und die gleichzeitige 125-Jahrfeier zur Gemeindeerhebung waren durch mehrere einschneidende Ereignisse gekennzeichnet und wurden mit dem Festakt am Abend des 23. Juni eingeleitet. Über 300 Gäste aus allen Bereichen des öffentlichen Lebens, der Politik, Geistlichkeit, der Wirtschaft, den Behörden, der Bundeswehr und der Bürgerschaft fanden sich in der Aula der Realschule ein. Mit der Überreichung der Urkunde durch Innenminister Merk war die Gemeinde nun offiziell zur Stadt erhoben. Erster Gratulant war Oberbürgermeister Wolfgang Pepper aus der Patenstadt Augsburg. Es gab ein rauschendes Feuerwerk. Am Tag darauf fand die Einweihung des Rathauses statt. Die Festgottesdienste beider Konfessionen folgten am Sonntag. Auch politische Ereignisse wurden in die Festwoche gelegt. Am Montag war nicht nur der Tag der Bürgermeister, sondern es fand auch eine öffentliche Kundgebung des Bayerischen Gemeindetages statt. Der Festredner war Staatssekretär Günther Jaumann. Am Dienstag, dem Tag der Bundeswehr, wurde eine öffentliche Kreistagssitzung abgehalten. Nach dem Tag der Jugend wurde der Donnerstag den Bauern gewidmet, zu dem eine große Bauernkundgebung mit dem Präsidenten des bayerischen Bauernverbandes Otto von Feury stattfand. Am Freitag, dem 30. Juni, wurde die Realschule eingeweiht. Der große Festball, das gesellschaftliche Ereignis, rundete diesen Tag ab. Der Sonntag war der Tag des großen Festzuges, ein großer Höhepunkt für alle Königsbrunner. Mit einem Fackelsternmarsch wurden am Montagabend die großartigen Feierlichkeiten beendet. Umrahmt waren diese Ereignisse nicht nur von strahlendem Wetter, sondern auch von einer Vielzahl von Veranstaltungen: Ausstellungen, Sportveranstaltungen, Konzerten, Theateraufführungen. Manche werden seitdem jährlich wieder durchgeführt, wie unsere Stadtmeisterschaften der Schwimmabteilung des TSV. Die Festwoche war der Beginn unseres Serenadenabends und unserer jährlichen Gautsch.

Grasbahnrennen für Motorräder beim Neuhaus während der Festwoche 1967.

Von der Lechfeldgemeinde zur Stadt

Die Bevölkerung

von Albert Teichner

Als am 4. Januar die Kolonie Königsbrunn vor 165 Jahren zur selbstständigen Gemeinde erhoben wurde, war dem eine rasante Entwicklung der Kolonie und ein harter Kampf ihrer Bewohner für diese Selbstständigkeit vorausgegangen. Während in späteren Beschreibungen der Kapläne und Pfarrherren der Name Königsbrunns von den königlichen Brunnen an der Wallfahrtsstrecke nach Klosterlechfeld abgeleitet wird, taucht im Zusammenhang mit den Verhandlungen um die Eingemeindung des Neuhauswirts von Bobingen nach Königsbrunn ein Bericht des Rentbeamten Geiger an die Regierung von Schwaben und Neuburg mit folgender Namensbegründung auf: „Die Colonie Königsbrunn, welche darum diesen Namen hat, weil im Jahre 1837 die ersten 4 Häuser auf einer vom königlichem Ärar erkauften Lechfeldwiese erbaut wurden, und zu diesen Bauten aus einem an der Poststraße von Augsburg nach Landsberg durch das königliche Straßenbaubureau hergestellten Ziehbrunnen das Wasser benutzt worden ist, ist nicht zu nehmen in dem bezweckten Bestehen, wie sie jetzt ist, sondern wie sie werden soll". Ob der Namen nun vom königlichen Ärar oder dem königlichen Brunnen stammt, soll hier nicht geklärt werden, er war jedenfalls für viele Zweit- und Drittsöhne aus dem landwirtschaftlichen Bereich, Handwerksburschen oder anderen Siedlungswilligen eine Hoffnung für eine neue Existenz, weist er doch auf eine für damalige Siedlungswillige notwendige Grundlage hin: das Wasser. Wo Brunnen sind, kann gelebt, gewohnt werden. In der jüngsten Gemeinde Bayerns war es zudem leichter Siedlungsbewilligungen oder später Heiratserlaubnisse zu bekommen. Dieser Ruf Königsbrunns führte zu einer rasanten Entwicklung.

Das Anwesen der Familie Weinberger mit der Hausnummer 55 (später Haunstetter Straße 105), um 1910.

Friedrich Hager (links) und Georg Schreijak bei der Heuernte mit einem Gespann aus Ochs und Pferd, um 1935.

Waren 1837 vier Häuser an einem der „Königsbrunnen" entlang der Poststraße gebaut worden, so war die Anzahl der Anwesen drei Jahre später bereits auf 62 gestiegen. Diese 62 Häuser oder Behausungen beherbergten 249 Personen. Die Zahl der Einwohner war 1842 auf 422 angewachsen und ein Jahr später zählte man bereits 140 Hausnummern. 1852 war die Bevölkerungszahl auf 895 gestiegen. Die Bevölkerungsstruktur stellte sich folgendermaßen dar: Unter den 202 Familien befanden sich 185 Landwirte, davon 18 im Nebenerwerb, 14 landwirtschaftliche Tagelöhner und nur drei Nichtlandwirte. Nur 20 der 895 Einwohner, also 2,2 Prozent lebten von Handel und Gewerbe. Königsbrunn war eine reine Agrargemeinde. Für die Landwirte standen knapp 1.000 Hektar landwirschaftliche Nutzfläche zur Verfügung. Daraus lässt sich ersehen, dass zu den Hofstellen vorwiegend weniger als 5 Hektar Land gehörten.

Da sich die Motive für die Ansiedlung im 19. Jahrhundert kaum änderten, verlief die Bevölkerungsentwicklung kontinuierlich. Auch durch die Kriege 1870 und sogar durch den Zweiten Weltkrieg trat hier keine wesentliche Änderung ein. So lag die durchschnittliche Zahl des jährlichen Bevölkerungswachstums von den Jahren 1861 bis 1900 zwischen 15 und 19 Personen. Diese verringerten sich in den ersten 25 Jahren des 20. Jahrhunderts auf bis zu

Blick vom Turm der Kirche St. Ulrich nach Norden, um 1950.

10 Personen im Jahresdurchschnitt, um dann bis 1939 auf 57 anzusteigen. Dies hing mit der Eröffnung verschiedener Betriebe in Haunstetten und insbesondere der Niederlassung der Flugzeugindustrie ab 1930 zusammen, während die Errichtung der Kunstseidefabrik in Bobingen 1899 für Königsbrunn keine Rolle spielte. Auch in den Jahren vor und während des 2. Weltkriegs entwickelt sich Königsbrunn zügig weiter und kann zwischen 1939 und 1946 über 1.000 Neubürger verzeichnen (s. Anh.).

Der große Aufschwung für Königsbrunn und die Entwicklung zur Stadt begann jedoch nach dem Ende des Zweiten Weltkriegs. Zunächst brachte das Kriegsende viele Vertriebene und

Haunstetter Straße in den 50er Jahren mit Blick nach Süden.

Flüchtlinge. Königsbrunn bekam in dem Zeitraum 1946 bis 1950 über 1.200 Vertriebene und Flüchtlinge zugewiesen, so dass die Wohnraumsituation schlagartig katastrophal wurde. So kam es auch nicht von ungefähr, dass am 1. Mai 1949 Königsbrunn zum Wohnsiedlungsgebiet erklärt worden war und im Zeitraum von 1950 bis 1967 die Zahl der Wohngebäude sich fast verdreifachte, nämlich von 705 auf ungefähr 2.000. Mit der Entwicklung der Wohngebiete wurden auch intensiv und kontinuierlich Industrie- und Gewerbegebiete ausgewiesen. Auch dies hat die rege Bautätigkeit und die Wirtschaft in Königsbrunn stark belebt. Dies lässt sich besonders anschaulich an der Entwicklung des Gewerbesteueraufkommens erkennen. Betrug im Jahre 1950 das Gewerbesteueraufkommen nicht ganz 25 Prozent der Grundsteuer A + B, so war es zur Stadterhebung mit 207.000 DM fast auf das Doppelte des Grundsteueraufkommens gestiegen.

In dem Zeitraum bis zur Stadterhebung war festzustellen, dass die Bauherren für die größeren Bauvorhaben wie Wohnblocks oder Reihenhäuser überwiegend aus dem Augsburger Raum kamen. Unter den in diesem Zeitraum entstandenen Wohnungen waren auch Blocks der Stadt Königsbrunn und ungefähr 350 Wohnungen für Bundeswehrangehörige. Aber nicht nur die großzügige Baulandausweisung war verantwortlich für die rasche Bevölkerungszunahme, in diesem Zusammenhang ist vor allem das Vorhandensein

Neue Wohngebäude entstanden für die Bundeswehrangehörigen in der Frankenstraße, um 1960.

sämtlicher Schularten von der Grundschule bis zu den Sonderschulen und inzwischen auch die Nähe zur Universität Augsburg zu nennen. Königsbrunn als Schulstadt war für viele Bundeswehrangehörige daher attraktiv. Dies spielte auch in den Zeiten der „Stadtflucht" der 70er und 80er Jahre eine Rolle.

Die schnelle Bevölkerungszunahme hatte natürlich neben dem wirtschaftlichen Strukturwandel auch weitreichen-

Luftaufnahme über das Gewerbegebiet Nord mit dem Lebensmittelgeschäft Südmarkt (heute Handelshof), um 1970.

de Änderungen in der Erwerbsstruktur und der sozialen Zusammensetzung der Bewohner mit sich gebracht. So waren auf Grund der regen Bautätigkeit naturgemäß die Bauunternehmen bei den ersten Niederlassungen. Die Baufirma Johann Wiedenmann kam 1949, Konrad Beck 1950 und die Tiefbaufirma Franz Hafenricher ebenfalls 1949. Besonders deutlich wird der wirtschaftliche Strukturwandel aber im Bereich der Land- und Forstwirtschaft. Waren im Jahre 1939 noch annähernd

Kieswerk Ilse Anfang der 70er Jahre.

800 Erwerbspersonen in der Land- und Fortwirtschaft beschäftigt (ca. 48 Prozent), so hatte sich diese Zahl Ende 1966, also kurz vor der Stadterhebung, mit 395 halbiert. Zum Jahre 2006 waren die Erwerbspersonen aus der Land- und Fortwirtschaft auf 55 geschrumpft (siehe Anhang, Grafik 2 und 3).

Interessant ist auch der Vergleich mit anderen Kommunen. Hierzu wurden aus dem Lechfeld Untermeitingen, die Nachbarstadt Bobingen und Gersthofen als zweitgrößte Stadt im Landkreis Augsburg ausgewählt. Die Referenzjahre (siehe Anhang, Grafik 4) waren größtenteils durch die Auswahl des statistischen Landesamts vorgegeben, zeigen aber dennoch für jeden Vergleichsort markante Abschnitte. So begann in Königsbrunn anfangs der

Eigenheime und Eigentumswohnungen Anfang der 70er Jahre an der Nördlinger Straße.

60er Jahre ein überdurchschnittliches Wachstum mit jährlich durchschnittlich über 650 Personen Zunahme. In Gersthofen ist dies ab 1925 bescheidener und ab ca. 1950 massiver zu bemerken. In Bobingen waren ab 1900, 1939 und 1961 deutlichere Anstiege des Wachstums zu verzeichnen. Untermeitingen verzeichnet einen deutlichen Anstieg zu Ende der 80er Jahre. Etwa ab dem Jahre 1980 ist Königsbrunn die größte Stadt im Landkreis Augsburg.

Interessante Einblicke nicht nur in das Um- und Zuzugsverhalten gibt nachfolgender Überblick. Waren die größten Zunahmezahlen in den Jahren 1965 (894 Personen) und 1988 – 1990 (802, 815 und 982 Personen) zu verzeichnen, so zeigt dieser Überblick der letzten 16 Jahre doch deutlich die Entwicklung

Betreutes Wohnen am Asternpark, Luftaufnahme um 2002.

Konnte man vor 40 Jahren in der Literatur über Königsbrunn noch die Feststellung finden, dass der jungen Stadt bis heute jeder Einfluss auf ihr Umland fehle, so ist diesbezüglich festzustellen, dass der Prozess der Stadtwerdung auch in diesen Punkten zügig vorangeschritten ist. Es ist nicht leicht, bedeutende Institutionen mit überörtlichem Einfluss zu bekommen. Doch mit der Bereitschaftspolizei ist die erste große Einrichtung in der jungen Stadt errich-

Luftaufnahme von 1978 zeigt die gesamte Anlage der Bayer. Bereitschaftspolizei in Königsbrunn.

bis heute und lässt auch einen kleinen Blick in die Zukunft zu. Seit 2006 ist kein Geburtenüberschuss mehr zu verzeichnen, auch die Wegzüge nähern sich den Zuzugszahlen. Da die amtlichen Zahlen von 2006 aber erst für den 31. Juni 2006 vorliegen, könnten sich noch Kleinigkeiten ändern. Ob dies bereits der Beginn eines negativen Trends ist, kann angesichts der sich kontinuierlich nähernden Zahlen nur vermutet werden. Da Königsbrunn trotz vermehrter Baumaßnahmen im Bereich des Betreuten Wohnens statistisch immer noch zu den durchschnittlich jüngeren Gemeinden gehört und immer noch stark vom Zuzug bestimmt wird, wird das Alter der künftigen Neubürger entscheidend sein. Die Stadtväter haben mit dem Bau der zweiten Hauptschule die Schullandschaft nachhaltig verbessert und den Ruf Königsbrunns als Schulstadt weiter gestärkt. Eine gute Bildung und Ausbildung dürfte auch heute noch ein entscheidendes Motiv für die Auswahl des Wohnortes sein.

tet worden. Auch das Vorhandensein sämtlicher Schulgattungen hat zur Steigerung der Überörtlichkeit beigetragen. Ein Großteil der Schüler der weiterbildenden Schulen wie der Sonderschulen kommen aus der Umgebung. Die Stadt hatte sich vergeblich um eine Auslagerung der KFZ-Zulassungsstelle durch den Landkreis bemüht. Aber im Freizeitbereich wurde mit der Königstherme eine seit über 20 Jahren erfolgreich operierende bedeutende Einrichtung geschaffen, die Gäste bis vom Fürstenfeldbrucker/ Münchner Raum anlockt. Auch die

Etablierung des Kinos mit Multiplex-Qualität im Zentrum führt zur Zunahme des Aufenthalts im Zentralbereich der Stadt. Im letzten Jahr hat die Kreissparkasse Augsburg der neuen überörtlichen und wirtschaftlichen Bedeutung der Stadt Rechnung getragen und ein neues Gebäude mit der Gebietsdirektion Süd errichtet. Durch den Sitz des neuen Kommunalunternehmens „Verkehrsüberwachung Schwaben-Mitte A.d.ö.R" und des Vereins „Begegnungsland Lechfeld e.V." in Königsbrunn wird die Bedeutung der größten Stadt des Landkreises Augsburg für die Umgebung weiterhin zunehmen. Mit dem „Begegnungsland Lechfeld e.V." soll im Rahmen des Europäischen ELER-LEADER-Programms versucht werden die gemeinsamen entwicklungsfähigen Faktoren des Lechfeldraumes zu erfassen und zu stärken, unter dem Motto: „Gemeinsam sind wir stärker!"

Auch das neue Zentrum nimmt Gestalt an. Zwar geschieht die Verkehrsführung noch mit Provisorien, aber schon diese lassen freundlichere Perspektiven zu als die ehemalige schnurgerade 4-spurige Hauptstraße. Die Aufenthaltsqualität hat sich dadurch wesentlich erhöht. Nicht zuletzt wurde dies noch durch die Kunstobjekte im öffentlichen Raum unterstrichen, welche Privat- und Firmenspenden als Zeichen der Identifizierung mit der Stadt ermöglichten. Der Mut zur Demonstration des Änderungswillens wird sich auch hier auf Dauer lohnen. Wichtig ist sicher auch, dass einfach mehr vom neuen Zentrum und seiner Idee zu sehen ist.

Natürlich geht auch an Königsbrunn der Zahn der Zeit bezüglich des gesamtdeutschen Problems der Überalterung der Bevölkerung nicht spurlos vorbei. Es liegen entsprechende Prognosen vor. Darin wird deutlich, dass die Stadt ab 2020 auch mit einem Anwachsen der über 60-Jährigen zu rechnen haben wird. Die gute Mitteilung ist, dass die Zahl der 16- bis 20-Jährigen noch für ungefähr 10 Jahre, also bis etwa 2015, anwachsen soll, womit die Alterung etwas gebremst wird. Aber auch hier gilt wie für alle Prognosen: Sie sind nur für die Vergangenheit ganz sicher – schließlich hängt das Überalterungsschicksal einer Stadt vom Alter der Migranten und dieses wiederum von der Attraktivität des Ortes ab. Und hier hat Königsbrunn besonders für junge Familien alle Schularten und ein sehr gut bestücktes Freizeitangebot zu bieten.

Im Anhang befinden sich einige Diagramme zur Stadtentwicklung.

Luftaufnahme auf das neue Zentrum von Königsbrunn, 2006.

Unternehmerinitiativen

von Hermann Schmid

An seine Ausgangssituation nach Kriegsende kann sich Altbürgermeister Fritz Wohlfarth auch knapp 60 Jahre später noch gut erinnern: „1948, als ich zum Bürgermeister gewählt wurde – es war auch das Jahr der Währungsreform – hatten wir einen Haushalt von 90.000 Mark. Die Gewerbesteuer brachte davon rund 3.500 Mark auf." Verständlich, dass der junge Bürgermeister über jeden neuen Betrieb in seinem Dorf froh war. Gezielte Gewerbeansiedlung war freilich erst in den 60er Jahren möglich, als die Gemeinde im Norden der Königsbrunner Flur ein landwirtschaftliches Anwesen mit 24 Tagwerk (80.000 Quadratmeter) erwerben konnte. Hilfreich war hier die Randlage zu Augsburg mit günstigen Grundstückspreisen und die Verkehrsanbindung nach Norden und Süden, die sich mit dem Ausbau der neuen B 17 schrittweise verbesserte. Doch schon in den Jahren zuvor legten einige Unternehmer in Königsbrunn den Grundstock für dauerhaften wirtschaftlichen Erfolg, von dem auch die Stadt und ihre Bürger profitierten. Vier herausragende Beispiele seien hier aufgeführt, die für eine Vielzahl erfolgreicher Handwerker, Händler und Unternehmer in Königsbrunn stehen.

Fey Lamellenringe
Als eine der Ersten kam 1954 die Firma Fey Kolbenringe GmbH aus Augsburg in das Straßendorf. Ein gutes halbes Jahrhundert später ist das Unternehmen mit weltweitem Kundenstamm der beste Gewerbesteuerzahler der Stadt.

Seniorchef Josef Fey, Jahrgang 1921, erinnert sich noch gut. Mit seinem Vater Josef hatte er nach dem Krieg einen kleinen Betrieb in der Augsburger Hindenburg-Kaserne an der Schertlinstraße eingerichtet. Mit der Reparatur von Kolben und dem Einpassen neuer Kolbenringe war man gut im Geschäft, lieferte gar in andere Städte.

Doch dann sollte die Kaserne gesprengt werden. Josef Kestel aus Königsbrunn betrieb damals in der Nähe von Feys Firma eine Tankstelle, man kam ins Gespräch und Kestel bot seine gerade frei gewordenen Lkw-Garagen an der Hauptstraße in Königsbrunn an, etwas nördlich von St. Ulrich gelegen. Für die erste Besichtigung war man eine

Die Firma Fey siedelte sich zunächst an der Hauptstraße an.

knappe Stunde mit dem Auto unterwegs.
Es ging aus der Stadt hinaus und ein ganzes Stück an Wiesen und Äckern vorbei, erinnert sich Josef Fey zurück, „das war damals schon fast eine Weltreise". Sein Vater sei sehr skeptisch gewesen: „Wenn wir da hinausziehen, dann kommt kein Mechaniker mehr zu uns, dann läuft nichts mehr!"
Doch der Auszugstermin machte Druck, es gab keine vernünftige Alternative, also zog das kleine Unternehmen mit etwa einem Dutzend Mitarbeiter – „Die waren froh, dass wir sie mitnahmen!" – in das Dorf Königsbrunn. An die Werkhalle (sie liegt hinter der heutigen Autovermietung Straub) wurde gleich ein Büro- und Wohnhaus angebaut. Der Juniorchef selbst, ein akademisch ausgebildeter Maler und gelernter Chemiker, brachte das Firmenlogo „Kolbenringe Fey" am Giebel des Neubaus an.
Lange sollte es dabei nicht bleiben. Denn schon in den folgenden Jahren arbeitete Josef Fey eine Idee aus, die der Firma seitdem stetes Wachstum beschert hat: Den Lamellenring – ein einfacher oder doppelter Ring, geformt aus speziellem Bandstahl und je nach Anwendungsgebiet gezielt wärmebehandelt. Für die ersten Versuchsreihen dazu nutzte Josef Fey den heimischen Elektroherd.
Der Lamellenring beeindruckte mit tollen Ergebnissen, Josef Fey meldete ihn 1957 zum Patent an – doch da kam Widerspruch aus den USA. Die Idee sei nicht neu. Doch Fey konnte seine Entwicklung vor einem Münchner Gericht erfolgreich verteidigen: „Das entschied über Sein oder Nichtsein meiner Firma!"
Noch 1957 lieferte er die ersten Lamellenringe an die MAN, wo sie in die Abgasleitungen von Lastwagen eingebaut wurden. Noch heute, 50 Jahre später, bezieht das Unternehmen für seine Lkw-Produktion Lamellenringe aus Königsbrunn. „Das ist sensationell, dass ein technischer Artikel über so lange Zeit Bestand hat, trotz der technischen Weiterentwicklung im Motorenbau", sagt Josef Fey mit großem Ernst.
„Der Aufbau des Unternehmens war trotzdem kein Zuckerschlecken", erinnert sich Fey. Man musste viel investieren – und in den ersten Jahren kam es schon mal vor, dass seine Frau Marianne, die die Bücher führte, im Rathaus um eine Stundung der Gewerbesteuer bitten musste.
Die Firma Fey sei da nicht allein gewesen, erinnert sich wiederum Fritz Wohlfarth: In den Jahren nach 1948 war das gang und gäbe. Der Gemeinderat habe da fast immer zugestimmt – aus seiner Sicht eine richtige Haltung. „Wir hatten unterm Strich selten Ausfälle", erinnert sich Wohlfarth, „der ehrliche Wille zu zahlen war schon da."
Und auch die Firma Fey entwickelte sich zügig zu einem soliden Gewerbesteuerzahler. 1966 hatte sie rund 25 Mitarbeiter, die Räume im Anwesen Kestel platzten aus allen Nähten. Josef Fey wollte sich vergrößern – doch bei der Stadtverwaltung wurde seine Anfrage recht kühl aufgenommen, wie er sich erinnert. Erst als Bürgermeister Wohl-

farth direkt intervenierte, bot man ihm ein Grundstück an der Wiedemannstraße, allerdings in zweiter Reihe, an. „Ich wollte eigentlich an die Hauptstraße, damit die Besucher schon von Weitem mein Firmenlogo sehen", erzählt Fey. Doch jetzt ist er von seinem Firmensitz begeistert: „Rundum Grün, viel Ruhe – besser hätten wir es nicht treffen können!" Das Areal bot auch Platz für die schrittweise Erweiterung der Produktionsstätte.

Inzwischen arbeiten rund hundert Mitarbeiter bei Fey Lamellenringe und produzieren Dichtungsringe mit Durchmessern von 15 Millimetern bis 1,30 Meter. Die finden sich rund um die Welt vor allem in Abgas-Rückführanlagen bei Pkws und Lkw, aber auch in Jet-Triebwerken, Schlagbohrmaschinen, Formel-Eins-Rennwagen – und sogar im Roboter der europäischen Mars-Mission, der leider wegen einer Panne bei der Landung nie zum Einsatz kam. Bis in die 70er Jahre produzierte Fey auch leichte Spiralfedern, die – ursprünglich ein Abfallprodukt der Kolbenringfertigung – damals ein beliebtes Spielzeug waren.

Die Stadt Königsbrunn weiß schon lange, was sie an Josef Fey und seinem Familienbetrieb hat. 1984 erhielt er den goldenen Ehrenring der Stadt, Anfang 2004 wurde eine Straße vor der Firma in Josef-Fey-Straße umbenannt. Neben diesen offiziellen Ehren erinnert sich Josef Fey aber auch an die angenehme Aufnahme im Dorf vor gut 50 Jahren: „Wir wurden geschätzt." Dazu trug auch bei, dass er beim TSV Königsbrunn als Torwart aktiv war und eine gesellige Kegelrunde gründete. So wundert es nicht, dass Josef Fey schon vor Jahrzehnten bei einer Rede – in Anlehnung an Kennedy – unter großem Applaus erklärte: „Ich bin ein Königsbrunner!"

Stransky & Treutler

„Entscheidende Neuerungen" kündigte Walter Stransky im Frühjahr 1958 in einem Faltblatt „an alle Haushaltungen" in Königsbrunn an: Der 27-Jährige eröffnete den ersten „Lebensmittel-Selbstbedienungsladen" auf dem Lechfeld. Von da an hat der gelernte Kaufmann immer wieder Neues ausprobiert – und schuf dabei unter anderem mit der Welser-Kuche im Herzen von Augsburg einen über Deutschland hinaus bekannten Vorläufer der Erlebnis-Gastronomie.

1958 ging es ihm erst einmal darum,

Damals ein beliebtes Spielzeug: Spiralfedern von Fey.

Gründer Walter Stransky blickt auf eine erfolgreiche Firmengeschichte zurück.

den „Vorstellungen einer modernen Hausfrau" zu entsprechen. Sein neuer Laden am Marktplatz, so die Eigenwerbung, sei „hell und freundlich, übersichtlich und großzügig, aber auch angenehm schnell, wenn Ihnen die Zeit unter den Nägeln brennt." Den künftigen Kundinnen musste er allerdings damals noch erklären, dass sie im neuen Geschäft mit einem Einkaufskorb ihre Waren selbst zusammentragen können und nicht mehr, wie bislang üblich, an einer Theke bedient würden. Mit dem Selbstbedienungsladen kam Walter Stransky privat und geschäftlich in den Ort zurück, der ihm schon zwölf Jahre zuvor zur neuen Heimat geworden war. 1930 in Braunau im Sudetenland, unweit der polnischen Grenze geboren, kam er nach der Vertreibung über Augsburg und Bobingen nach Königsbrunn. Sein Vater Heinrich führte, wie schon in der alten Heimat, ab 1947 in Augsburg ein Lebensmittelgeschäft. Sohn Walter arbeitete dort mit, nachdem er 1949 die Handelsschule abgeschlossen hatte. Damals zog die Familie vom Lechfeld in den Bärenkeller.

Wie viele nach ihm führte ihn 1958 die Suche nach einem günstigen Bauplatz wieder nach Königsbrunn. Sein Architekt Paul Langner baute damals auch die Wohnblöcke am Marktplatz, in die auch ein Laden integriert werden sollte. Walter Stransky hatte inzwischen zusätzlich eine Schule für Lebensmittelkaufleute in Neuwied absolviert und dabei einige neue Ideen aufgeschnappt. So kam es, dass er noch im gleichen Jahr auf 149 Quadratmetern seinen Selbstbedienungsladen eröffnete – heute befindet sich in den Räumen das städtische Kulturbüro. Sein Schwager Rudolf Treutler wurde sein Kompagnon, die Stransky & Treutler KG entwickelte sich im Laufe der nächsten Jahrzehnte zu einem Aushängeschild des Königsbrunner Gewerbes.

Im neuen Laden lief das Geschäft mit Feinkost besonders gut. Schon zur Einweihung des Neubaus der Hauptschule an der Schwabenstraße im Jahre 1958 lieferte Stransky sein erstes Buffet aus. Es war der Einstieg in eine Sparte, die in Wirtschaftswunderzeiten besonders florierte. Bei Firmen in der Region – und auch bei Privatleuten in dem zügig wachsenden Dorf auf dem Lechfeld – gab es dafür immer mehr Anlässe. 1965, so erinnert sich Walter Stransky, richtete die IHK Augsburg im Rokokosaal der Regierung von Schwaben einen Empfang für Firmen aus. Stransky steckte sein Personal dafür in Barockkleidung vom Stadttheater: „Das war für Augsburg eine Show!" Und für Stransky & Treutler eine Visitenkarte par excellence.

1967 gab es an der Schwabenstraße noch Bauplätze, auch für Walter Stransky.

Im Sommer 1967 expandierte die Firma erneut. An der Schwabenstraße, dort wo heute die Stadtbücherei steht, eröffnete man einen knapp 500 Quadratmeter großen Rewe-Supermarkt – mit

Der 1967 neue Selbstbedienungsladen der Stransky & Treutler KG.

Der Selbstbedienungsladen wurde gut angenommen.

FC Bayern-Torwart Sepp Mayer als Publikumsmagnet. Im Keller gab es nun eine Küche und Kühlräume und Fachkräfte nur für den Partyservice. „Doch schon zeichnete sich im Handel die Billig-Welle ab", erinnert sich Walter Stransky. Im Gewerbegebiet Nord eröffnete ein gutes Jahr später der Südmarkt, Schwabens erster großer Verbrauchermarkt. Stransky versuchte mitzuhalten und eröffnete auf dem Anwesen von Josef Kestel, in den Räumen, die die Firma Fey Lamellenringe verlassen hatte, einen Rewe-Billigableger. „Hier hohe Qualität zu angemessenen Preisen, dort billig – das haben mir die Kunden nie so recht abgenommen", so sein Fazit. Er stellte die Filiale wieder ein und verpachtete bald darauf auch seinen Supermarkt: „Der private Lebensmittel-Einzelhandel warf immer weniger Ertrag ab, es kam die Zeit der großen Konzerne."

Dafür lief der Partyservice umso besser. Sein Neffe Reinhard Treutler hatte Ende der 60er Jahre bei Käfer in München gelernt und setzte die Erfahrungen jetzt in Königsbrunn um. Und Walter

Stransky stieß kurz darauf auf eine neue Geschäftsidee: Die Welser-Kuche. Den Anstoß gab ein mittelalterliches Mahl, das er im Herbst 1971 für die IHK Augsburg in deren früherem historischen Domizil in der Philippine-Welser-Straße in Augsburg ausrichtete. IHK-Pressechef Richard Fischer grub dafür das Kochbuch der Philippine Welser in Wien aus und animierte Stransky, Rezepte daraus nachzukochen. Ein historisches Gewölbe an der Maximilianstraße konnte genutzt werden, so entstand die Idee, ein „bürgerlich-bäuerliches mittelalterliches Mahl" dort regelmäßig anzubieten.

Nicht nur die deftigen Speisen wie Hechtsuppe und Hammel vom Spieß kamen sehr gut an, vor allem auch die rustikalen Tischsitten – die Gäste erhielten nur ein Messer, Essen mit Fingern war ausdrücklich gestattet – lockten Scharen von Kunden. Schon drei Monate nach der Eröffnung berichtete das Fernsehen, die Welser-Kuche war oft auf Monate im Voraus ausgebucht und ist immer noch eine gastronomische Attraktion in der Fuggerstadt. Später bot das Unternehmen auch eine mobile Welser-Kuche für Feste in ganz Deutschland an. 1981 wagte Walter Stransky, der damals schon häufig für die bayerische Landesregierung tätig war, mit der Idee gar den Sprung nach München. Die dortige Welser-Kuche liegt in Gewölben unter der Feldherrenhalle.

1973 wurde Walter Stransky von der Lebensmittel-Zeitung für seine erfolgreichen Projekte mit dem „Goldenen Zuckerhut" ausgezeichnet. In den 70er Jahren war er dann als Gastronom in Augsburg gleich mehrfach präsent. 1971 übernahm er die Bewirtung auf dem Rathausplatz, einige Jahr später die in der Kongresshalle. Auch die Fuggereistube lief einige Jahre unter seiner Regie. Ende der 70er Jahre beschäftigte das Unternehmen bis zu 280 Mitarbeiter. „Die Gastronomen in Augsburg haben schon ein bisschen scheel auf uns geschaut", erinnert sich der erfolgreiche Unternehmer aus der Vorstadt.

Ein großes Buffet in der Augsburger Kongresshalle.

Doch manche Gastronomieprojekte gab er wieder ab, weil sie sich auf Dauer nicht rechneten, der Vertrag für den Rathausplatz wurde 1977 nicht verlängert. Dafür gab es im Geschäftsbereich Partyservice viele Höhepunkte. So bereitete man im Auftrag eines Unternehmens aus der Region in Moskau ein

bayerisches Buffet zu, war unter anderem auf der Hannover-Messe häufig im Einsatz und beispielsweise auch bei den regelmäßigen Dehner-Neueröffnungen in ganz Deutschland.
Anfang der 90er Jahre zog sich Walter Stransky aus dem Unternehmen zurück, das sein Neffe Reinhard Treutler mit einem Partner weiterführte. Er hatte bereits Mitte der 70er Jahre den Partyservice-Bereich in einen Neubau im Gewerbegebiet Süd verlagert, der, wie sich Walter Stransky erinnert, lange Zeit Fachleute der Branche zu Besuchen anlockte. Heute wird die Firma unter dem Titel S & T Creative Catering geführt ist noch immer überregional mit großem Erfolg aktiv. Und Walter Stransky ist seiner zweiten – und vierten Heimat – bis heute treu geblieben.

Südmarkt

Ein gutes Jahr nach der Stadterhebung hatte Königsbrunn gegenüber der Patenstadt Augsburg schon in einem Bereich die Nase vorn: An der Germanenstraße im künftigen Gewerbegebiet Nord, das damals noch weithin aus grünen Wiesen bestand, eröffnete Ende Oktober 1968 der erste Verbrauchermarkt in Schwaben. Der Name „Südmarkt" drückte schon aus, dass er nicht zuletzt auch Kundschaft aus der Fuggerstadt anlocken sollte.
Als ein „Kaufhaus ohne Treppen und Aufzüge" charakterisierte sich der Südmarkt bei der Eröffnung. Das war eher noch untertrieben. 13 mittelständische Unternehmen hatten sich unter einem Dach zusammen gefunden, um den Kunden eine breit gefächerte Angebotspalette zu bieten, von Anzug und Briefpapier über Dauerwellen, Expressreinigung, Lebensmittel, Superbenzin und Teppichböden bis zu Vorlegebesteck und Veilchen. Das Konzept erwies sich vom Start an als sehr erfolgreich, in den folgenden Jahren schossen die Südmärkte in ganz Schwaben und darüber hinaus wie die Pilze aus dem Boden. 25 davon gab es 1987, als Kaufmann Albert Daiberl und sein Sohn Bert ihre regionale Handelskette verkauften. Seitdem firmiert der einstmals erste Südmarkt in Königsbrunn als Handelshof.
Bei der Premiere in der Brunnenstadt war Albert Daiberl in doppelter Funktion beteiligt, als Betreiber des Marktes sowie als einer der vier Gesellschafter der Bau- und Verwaltungsgesellschaft (BVG), für die sich der auch der damalige Bürgermeister Fritz Wohlfarth engagierte. BVG-Geschäftsführer Günter Potetzki erinnert sich an die Vorgeschichte des ersten Südmarkts.

Ankündigung des ersten Südmarkts 1968.

Die vier Südmarkt-Gesellschafter.

Der gelernte Buchhalter Potetzki war 1945 nach Kriegsende aus Schlesien nach Donauwörth gekommen, hatte sich in verschiedenen Unternehmen hochgearbeitet und 1956 in Augsburg eine Kanzlei als Steuerberater eröffnet. Einer seiner Kunden war der Augsburger Gustav Zirkel, der mehrere Handelsvertretungen im Lebensmittelbereich hatte. Der suchte Mitte der 60er Jahre nach interessanten Investitionsmöglichkeiten für sein Kapital und prüfte dabei gemeinsam mit Potetzki auch die Idee, Fertighäuser aus Kunststoff in großem Stil zu vertreiben. „99.999 Mark sollte eines davon kosten", erinnert sich Günter Potetzki noch genau. Da Potetzki zu dieser Zeit schon mit Fritz Wohlfarth bekannt war, wurde Königsbrunn als Standort des Projekts ins Auge gefasst. Doch dann, so Potetzki, hatte Gustav Zirkel eine bessere Idee. Als beide zur Eröffnung eines Supermarkts in Gersthofen geladen waren, schlug er vor: „Besser wäre es, wir würden in Königsbrunn einen Verbrauchermarkt bauen."

Als Betreiber gewannen sie Albert Daiberl, der damals in Augsburg mit der Carl Doderer KG einen so genannten C+C (Cash + Carry) Markt, einen regionalen Lebensmittel-Großhandel, betrieb. Daiberl und auch Fritz Wohlfarth willigten ein, gemeinsam mit Zirkel und Potetzki als Gesellschafter die BVG zu gründen, die den Markt bauen und an Daiberl vermieten sollte. Um Bürgermeister Wohlfarth ob dieses Engagements nicht in politische Schwierigkeiten zu bringen, so erinnert sich Günter Potetzki im Rückblick nach fast 40 Jahren, zeichnete allerdings seine Frau Luise die Gesellschafteranteile. In seinen 1997 veröffentlichten Lebenserinnerungen „Noch ein Stück von mir" kommt Wohlfarth zwar auf den Südmarkt zu sprechen, erwähnt sein Engagement aber mit keinem Wort – doch er veröffentlicht dazu ohne weiteren Kommentar ein Foto aus späteren Jahren, das ihn mit Daiberl, Potetzki und Zirkel als „die vier Gesellschafter" zeigt. Aber auch Albert Daiberl und Gustav Zirkel wollten anfangs als Urheber des Südmarkt nicht öffentlich in Erscheinung treten, da sie beide ja geschäftlich in der Branche stark engagiert waren. So trat während der Bauzeit nur Geschäftsführer Günter Potetzki nach außen in Erscheinung. Er selbst sei damals nicht so liquide gewesen wie die anderen Gesellschafter, so erzählt Potetzki Jahrzehnte später schmunzelnd. Nur durch den Rückgriff auf seine Altersversorgung und ein kleines Darlehen der Stadtsparkasse konnte er die nötige Einlage aufbringen, die sich im Rückblick als gute Geldanlage erwies.

Die BVG ging das Projekt zügig an. Auf einigen Reisen in Deutschland und den

Unternehmerinitiativen

Nachbarländern informierten sich die Gesellschafter über vergleichbare Märkte, berichtet Potetzki, im Pizol-Park im schweizerischen Sargans fand man ein Vorbild, dessen Konzept man für Königsbrunn übernehmen wollte. Im Oktober 1967 erwarb die BVG von zwei Landwirten die Grundstücke von insgesamt 22.000 Quadratmeter an der Germanenstraße. Architekt Georg Schlachter plante das 135 Meter lange, 40 Meter breite und 5,5 Meter hohe Flachdach-Gebäude. Zwischen Baugenehmigung und der Eröffnung am 28. Oktober 1968 vergingen gerade mal sechs Monate.

Der Südmarkt-Pizol-Park wurde nach schweizerischem Vorbild erbaut.

Der Südmarkt war ganz auf die motorisierte Gesellschaft ausgerichtet. Insgesamt 750 Parkplätze wurden angelegt, Betreiber Albert Daiberl errichtete und betrieb auf eigene Kosten zudem eine Tankstelle, die auch kleinere Dienstleistungen wie Ölwechsel und Reifenmontage anbot. „Ich vermute, er hat das Benzin zum Selbstkostenpreis abgegeben", so Potetzki, „sein Konzept war, die Männer zum Tanken zu locken – und damit deren Frauen zum Einkauf." Darauf allein verließ sich Daiberl allerdings nicht. Er gewann zwölf weitere Handelsunternehmen, die unter seiner Federführung im Südmarkt Untermieter wurden – etwa Dehner, Siller&Laar, das Bamberger Bekleidungshaus „Der modische Arendt", ein Teppichhaus, eine Reinigung, Fachgeschäfte für Schmuck und für Schreibwaren. Wenige Monate nach der Eröffnung kam Modefriseur Zeininger dazu, dessen Mitarbeiter bis heute dort die Scheren schwingen. „Das war eine echte Sensation", erinnert sich Brigitte Baumgartner, die im Oktober 1968 als 18-Jährige als Textilverkäuferin beim Modischen Arendt im Südmarkt begann und mittlerweile in der Verwaltung des Verbrauchermarktes arbeitet: „Es gab in der ganzen Region nichts Vergleichbares." Die Kunden seien aus Augsburg in Scharen gekommen, „manchmal stauten sich die Autos deswegen durch Haunstetten bis zu Siemens". Zuspruch erhielt der Verbrauchermarkt auch aus dem Süden, „bis aus Landsberg und dem ganzen Hinterland".

Der Erfolg ermutigte die Betreiber Albert Daiberl und seinen Sohn Bert zur schnellen Expansion. Der markante rote Südmarkt-Schriftzug war bald in einer Reihe größerer Orte in Schwaben zu entdecken. 1976 erwirtschaftete die Kette erstmals mehr als 100 Millionen Mark (etwas über 50 Millionen Euro) Umsatz, 1979 führte sie als Premiere in Europa die so genannten Scanner-Kassen ein. 1983 sorgten die Südmärkte wieder für Schlagzeilen – und verstopfte Straßen. Für einen Samstag boten sie Benzin für 99 Pfennig an, als die Preise an Tankstellen bei 1,30 bis 1,35 Mark (rund 67 Eurocent) lagen – und demonstrierten, was kurz zuvor bei „Wetten, dass ..?" in Berlin misslungen war.

Im Sommer 1987 war dann die Zeit für den Südmarkt in Königsbrunn abgelaufen – jedenfalls, was den Namen betraf. Familie Daiberl verkaufte ihre 25 Verbrauchermärkte. 23 gingen an Christ Holding, eine Tochter des Handelsriesen Rewe-Leibbrand, ein großes Objekt in Erlangen und der Südmarkt in Königsbrunn wurden von Lidl & Schwarz übernommen. Der hieß von da an Handelshof. Die BVG existierte übrigens zehn Jahre länger als ihr Südmarkt. 1997 feierte man im Hotel Zeller noch das 30-jährige Bestehen – und verkaufte kurz darauf die Immobilie ebenfalls an Lidl & Schwarz. Das Mutterhaus hat im Jahr 2007 einen umfangreichen Umbau angesetzt, so dass der erste Königsbrunner Verbrauchermarkt – möglicherweise wieder unter einem neuen Namen – auch über seinen 40. Geburtstag hinaus Kunden aus der Region anziehen wird.

Ampack Ammann

Vor gut 30 Jahren wechselte das Augsburger Familienunternehmen Ampack Ammann von Haunstetten in die noch junge Brunnenstadt. Hier schrieben Firmengründer Siegfried Ammann, seine Familie und die – stetig wachsende – Schar seiner Mitarbeiter eine Erfolgsgeschichte besonderer Art. Das Unternehmen ist auf dem Weltmarkt führend in der Entwicklung und Fertigung von Abfüllanlagen für Milchprodukte und Fruchtsäfte.

Die Zahl der Beschäftigten ist in diesen 30 Jahren von etwa 30 auf knapp 300 gewachsen. „Wir haben schon immer große Herausforderungen gesucht", so leitet Seniorchefin Erika Ammann ihren Rückblick auf die Geschichte des Familienunternehmens ein.

Ehemann Siegfried war Ende der 60er Jahre als Versuchsingenieur bei MAN in Augsburg tätig und erledigte nebenher in einem Büro im Keller des Wohnhauses Konstruktionsaufträge für andere Firmen. 1973 kam dann ein Auftrag, der es ihm erlaubte, sich selbstständig zu machen und auch gleich eine kleine Fertigungsabteilung aufzubauen. Eine Berliner Molkerei ließ von ihm eine Abfüllanlage entwickeln und dann auch herstellen. Siegfried Ammann hatte dafür eine überzeugende neue Idee präsentiert – die sich in der überschaubaren Branche schnell herumsprach und dem jungen Unternehmen Folgeaufträge bescherte.

„Damals war die Ethik unter Geschäftspartnern noch eine andere", erinnert sich Erika Ammann, „da wurde viel mit Handschlag geregelt." Vielleicht war das mit ein Grund, warum sich die Ammanns, als sie 1975 daran gingen, ihre Firma deutlich zu vergrößern, schnell mit Königsbrunn anfreundeten. Das Unternehmen logierte mit etwa 30 Mitarbeitern in einem alten Haus auf dem heutigen EADS-Gelände in Haunstetten.

Unternehmerinitiativen

„Für Augsburg waren wir in dieser Größe total uninteressant", blickt Erika Ammann zurück. In Königsbrunn kümmerte sich Bürgermeister Fritz Wohlfarth persönlich um die Neuansiedlung, auf seine typisch umkomplizierte Art. „Ich zeig Euch ein paar Grundstücke, die ihr haben könnt", war seine Reaktion auf die Anfrage. An der Germanenstraße im Gewerbegebiet Nord – „damals noch auf grünem Feld" – passte die Infrastruktur, die Firma erwarb 4.000 Quadratmeter, erzählt Erika Ammann: „Wir haben gedacht, das reicht für ewige Zeiten."

Das ursprüngliche Firmengelände an der Germanenstraße 1976.

Doch es reichte keine 20 Jahre. Ampack Ammann konnte mit im eigenen Hause entwickelten Abfüllmaschinen einen immer größeren Kundenkreis erschließen, der mittlerweile weit über Europa hinaus reicht. Die Belegschaft wuchs, es gab an der Germanenstraße mehrere Anbauten, bis Mitte der 90er Jahre deutlich wurde: Ein kompletter Neubau ist nötig. Vorsichtshalber hatte die Firma sich in Bobingen schon mal eine

Der Altbau kurz vor der Umsiedlung.

Ausweichfläche gesichert. Doch die Stadt Königsbrunn war auf Zack. Jetzt war es Bürgermeister Adam Metzner, der die Sache in die Hand nahm und, als sich der neue Standort an der südlichen Auffahrt zur B 17 heraus kristallisierte, ein Gespräch der Firmenleitung mit den in Frage kommenden Grundstückseigentümern erfolgreich moderierte.

Die Baustelle an der Lechfeldstraße 1995.

Ehe Ampack Ammann hier Büro- und Produktionsflächen auf 10.000 Quadratmetern errichten konnte, machte die Firma erst einmal Bekanntschaft mit der Historie des vermeintlich erst 160 Jahre alten Dorfes. Der Arbeitskreis für Vor- und Frühgeschichte mit mit dem engagierten Hobby-Archäologen Rainer Linke barg auf dem Baugelände zahlreiche Funde aus der Bronzezeit. Teilweise sind sie in der Eingangshalle des Unternehmens ausgestellt. Im Dezember 1996 zog das Unternehmen mit 260 Mitarbeitern um.

Abfüllanlagen aus dem Hause Ampack sind gefragt wie eh und je. Besonders für das vor einigen Jahren entwickelte Verfahren, PET-Behälter vor dem Befüllen sicher und wirtschaftlich zu sterilisieren, hält weltweit die Nachfrage an. Das Unternehmen liefert eine große Bandbreite an Anlagen mit Kapazitäten von bis zu 65.000 Behältern pro Stunde. 2002 und 2003 wurden Fertigungshallen und Büros um insgesamt 4.000 Quadratmeter erweitert.

600.000 Euro hochmoderne computergesteuerte Bearbeitungsmaschinen angeschafft. Schon 2005 hatten die Kinder Claudia Sadouki-Ammann und Rainer Ammann die Geschäftsleitung übernommen – der Fortbestand des Familienunternehmens ist gesichert.

Claudia Sadouki-Ammann und Rainer Ammann.

Heutiges Werksgelände.

Die Zahl der Beschäftigten liegt stabil bei etwas unter 300. Neben kontinuierlicher Neuentwicklung sichern auch Investitionen in Fertigung und Organisation die Wettbewerbsfähigkeit, betont Erika Ammann. 2006 hat Ampack Ammann zum Beispiel für mehr als

Die Schulen

von Martin Richter

Vierzig Jahre nach der Stadterhebung präsentiert sich Königsbrunn als eine Stadt mit einem umfassenden Bildungsangebot. Es gibt drei Grundschulen, zwei Hauptschulen, eine Realschule, ein Gymnasium, eine berufsbildende Schule, Behinderteneinrichtungen in staatlicher und privater Trägerschaft, eine städtische Musik- und Singschule sowie eine Volkshochschule.

Der Schulbetrieb war bedingt durch das Kriegsende vom 23. April bis zum 17. September 1945 unterbrochen. Damals war es noch nicht möglich in Königsbrunn selbst die gesamte achtjährige Schulpflichtzeit zu absolvieren. Wer nicht auf die seiner Zeit freiwillige achte Jahrgangsstufe verzichten wollte – der Grundschulunterricht endete wegen der prekären Situation in Bayern und ganz Deutschland nach dem 7. Schuljahr – musste auf die Grundschule in Haunstetten ausweichen. Das von den Nationalsozialisten eingeführte Prinzip der Gemeinschaftsschule wurde bei Wiedereröffnung der Schule abgeschafft, die Kinder sollten wieder konfessionell getrennt unterrichtet werden. Obwohl durch den Zuzug von ungefähr 1200 Heimatvertriebenen ab 1946 eine große Schulraumnot herrschte und die Gemeinde Privaträume für den Unterricht anmieten musste, wurde strikt auf die Einhaltung dieser Trennung geachtet. Die beiden Konfessionsschulen waren in fünf verschiedenen Gebäuden untergebracht, wobei Klassenstärken von bis zu 50 Schülern auftraten.

Im Kommunalwahlkampf 1952 wurde in Königsbrunn heftig darüber diskutiert, ob die bestehenden Konfessionsschulen erweitert werden sollten oder eine neue größere Schule errichtet werden sollte. Hierbei unterstützten die Vertriebenen Bürgermeister Wohlfarths Konzept eines zentralen Schulneubaus, kannten sie doch Gemeinschaftsschulen aus ihrer Heimat. 1954 konnte die König-Ludwig-Schule eröff-

Im Jahr 2004 feierte die Hauptschule Nord ihr 50jähriges Bestehen.

net werden, ein für die damalige Zeit äußerst modern ausgestatteter Grundschulneubau. 1973 wurde dieser Bau erweitert und wird bis heute als Hauptschule genutzt. Die Realisierung dieses ersten Schulneubaus ist auch dem kommunalpolitischen Pragmatismus und der finanziellen Risikobereitschaft des Gemeinderats sowie des Bürgermeisters zu verdanken. Doch bei dem ab Mitte der 50er Jahre einsetzenden Bevölkerungszuwachs, vor allem

Die Grundschule Nord wurde im November 1960 eingeweiht, um 2006.

durch den Zuzug von Soldaten des Bundeswehrstandorts Lechfeld ab 1956, musste bereits an eine weitere Grundschule gedacht werden. Man kalkulierte ab 1959 mit einem jährlichen Zuwachs von ungefähr 80 schulpflichtigen Kindern. Ende 1960 bereits konnte der erste Bauabschnitt der König-Otto-Schule mit damals zwölf Klassen bezogen werden. Kurioserweise wurde nun eine Rückkehr zur konfessionellen Trennung möglich und auch durchgeführt: Die evangelischen Schüler besuchten die König-Otto-Schule, die katholischen die König-Ludwig-Schule. Mitte der 60er Jahre lag der Zuzug nach Königsbrunn im Durchschnitt bei 800 Personen pro Jahr. Diese Fakten und die Einführung des 9. Schuljahres in Bayern erhöhte die Anzahl der schulpflichtigen Kinder und Jugendlichen enorm, weshalb auch die Inbetriebnahme des zweiten Bauabschnitts der König-Otto-Schule im September 1967

Freilichtbühne der Grundschule West.

Luftaufnahme der Grundschule Süd, um 2004.

keine dauerhafte Entlastung mit sich brachte. 1971 wurde deshalb ein weiterer Neubau durch die Stadt in Angriff genommen und bis 1973 als Grundschule-Süd fertig gestellt. Somit verfügte die junge Stadt bereits Mitte der 1970er Jahre über zwei neue Grundschulen und eine Hauptschule. Das weiterhin rasante Bevölkerungswachstum Königsbrunns ließ den Stadtrat

Die Schulen

1986 erneut handeln, das Gesamtkonzept für die Simpertschule im Nordwesten der Kommune wurde beschlossen. Bereits 1988 konnte der Schulbetrieb für die beiden ersten Jahrgangsstufen aufgenommen werden.
Mit dem Abschluss des zweiten Bauabschnitts 1994 war die Grundschule-West dann endgültig fertig gestellt. Das bislang jüngste Schulgebäude öffnete im September 2004 seine Türen: die neue Hauptschule Süd an der Römerallee. Mit diesem hellen und funktionalen Bau reagierte die Stadt auf den Bevölkerungszuwachs in diesem Stadtgebiet. Sie führt damit nicht nur konsequent den Ausbau des Schulwesens auch im neuen Jahrhun-

Die bunten Markisen der Hauptschule Süd sind schon aus der Ferne sichtbar.

Luftaufnahme der neuen Hauptschule Süd an der Römerallee, um 2004.

dert fort, sondern setzt auch architektonisch, wie schon seit den 50er Jahren, zukunftsorientierte städtebauliche Akzente.

Das moderne Foyer der Hauptschule Süd.

Nicht nur das Königsbrunner Ortsbild begann sich im Verlauf der 60er Jahre nachhaltig zu verändern, auch die Bevölkerungsstruktur war durch den anhaltenden Zuzug einem enormen Wandel unterworfen. Die ehemalige Dorfgemeinschaft begann sich in eine städtische Kommune umzustrukturieren. Dadurch erhöhte sich der Anteil der

Der Turnhallentrakt der Realschule an der Schwabenstraße.

Vor dem Südflügel der Realschule warten die geparkten Fahrräder.

Familien, deren Kinder bereits weiterführende Schulen besuchten oder besuchen wollten. Dies war jedoch in Königsbrunn immer noch nicht möglich. 1961 pendelten ungefähr 60 Schüler jeden Tag zur Realschule nach Bobingen. Um Königsbrunn nun aber zu einer Schulstadt werden zu lassen, mussten weiterführende Schulen vor Ort geplant und gebaut werden. Da jedoch sowohl Bobingen als auch Schwabmünchen bereits über Realschulen verfügten, musste die Kommune mit Problemen rechnen, eine dritte Realschule im Landkreis nach Königsbrunn zu bekommen. Der Landkreis hatte den Aufgabenbereich für weiterführende Schulen übernommen und war daher als Sachaufwandsträger auch für die Schulfinanzierung zuständig. Daher musste neben der Genehmigung der Regierung von Schwaben ebenfalls eine Zustimmung im Kreistag erreicht werden, die Bürgermeister Wohlfarth auch erhielt. Ein überzeugendes Argument für Königsbrunn war hierbei, bei der Belegung die Schüler aus Haunstetten mit einzubeziehen, denn der gesamte Süden der Stadt Augsburg verfügte über keine weiterführende Schule. Gemeinderat und Bürgermeister bewiesen mit diesem Konzept des Aufbaus einer Schulstadt gesellschafts- und wirtschaftspolitischen Weitblick, denn das Schulwesen, so belegten es entsprechende Analysen, hatte entscheidenden Einfluss auf Industrieansiedlungen, bzw. Niederlassungen von Handels- und Handwerksbetrieben, wie auch auf das Bevölkerungswachstum. Im Jahr 1967 nahm die Realschule ihren Betrieb auf.

„Kommen Sie nach Königsbrunn – Wir haben ein Gymnasium", so lautete 1967 ein Werbeslogan an den Ortseingängen von Königsbrunn an der B 17.

Bereits im Schuljahr 1966/67 konnten die ersten Klassen in Räumlichkeiten der fast fertig gestellten Realschule unterrichtet werden und danach Gast-

Gymnasium Königsbrunn, Luftaufnahme, um 2001.

weise in der König-Otto-Grundschule. 1965 war im Kreistag die politische Entscheidung über die Errichtung eines Gymnasiums in Königsbrunn gefallen.

Erweiterungsbau, Einweihung 1996.

Ein Kuriosum der Baugeschichte war sicherlich der Umstand, dass Grundsteinlegung und Hebauf gleichzeitig gefeiert wurden. Denn die Stadt hatte die Baugenehmigung des Landratsamtes nicht abgewartet, sondern bereits zuvor die Aufträge an die Firmen vergeben. Die Mehrkosten bis zum Eintreffen der Genehmigung, ca. 1,5 Millionen DM, hätte nämlich die Stadt tragen müssen. Im September 1968 übergab der Bürgermeister der Schulleitung den ersten Bauabschnitt, bei der offiziellen Einweihung 1971 waren die Baumaßnahmen an Hauptgebäude, Sporthalle und Schwimmbad abgeschlossen. Neben einem mathematisch-natur-

Der neueste Anbau des Gymnasiums.

wissenschaftlichen Zweig war der Schule auch ein neusprachlicher Zweig genehmigt worden, wodurch die Schülerzahlen sprunghaft anstiegen. Der dadurch entstandenen Raumnot konnte mit der Eröffnung des Neubaus im Schuljahr 1995/96 nachhaltig begegnet werden. Mit dem Bezug eines weiteren Anbaus 2007, worin eine Mensa integriert ist, hat sich das Gymnasium Königsbrunn auf einen ganztägigen Schulbetrieb eingestellt. Nur 30 Jahre nach dem Ende des Krieges hatte sich Königsbrunn damit im

Süden des neu gebildeten Landkreis Augsburg Land erfolgreich als Schulstadt etabliert. Der Einzugsbereich der weiterführenden Schulen reicht von Haunstetten im Norden und Bobingen im Westen bis hin zu den Lechfeld-Gemeinden im Süden.

Die Anfänge der Förderschulen in Königsbrunn reichen bis ins Jahr 1967 zurück, als die Regierung von Schwaben eine entsprechende Einrichtung genehmigte, die zuerst in der König-Otto-Grundschule untergebracht war. Schon 1969 übernahm der Landkreis diese Schule, die zwei Jahre später über 200 Schüler zählte. Stadtrat und Bürgermeister entschieden Mitte der 70er Jahre dann zugunsten einer sozial wie

Die Fritz Felsenstein Schule.

war ein wichtiger Schritt in der Entwicklung des Königsbrunner Schulwesens, denn dadurch hatten und haben auch die behinderten Kinder und Jugendliche eine Möglichkeit zur umfassenden Förderung ihrer Anlagen.

Das Sonderschulzentrum Mitte der 70er Jahre.

schulpolitisch bedeutsamen Maßnahme, indem sie dem Vorhaben des Baus eines Sonderschulzentrums (so die damalige Bezeichnung) mit drei unterschiedlichen Schultypen zustimmten. In der zweiten Hälfte der 70er Jahre konnte der Unterricht in den Schulen begonnen werden. Dies

Im Fritz-Felsenstein-Haus werden ungefähr 250 junge Menschen im Alter zwischen 6 und 21 Jahren betreut. Die ganzheitliche Förderung der körperlich Behinderten steht dabei im Zentrum. Die individuellen Fähigkeiten, Fertigkeiten und kreativen Anlagen werden besonders berücksichtigt. Ziel des pädagogischen und therapeutischen Engagements ist es, dass der Einzelne ein möglichst selbstbestimmtes Leben führen kann. An der Fritz-Felsenstein-Schule wird nach den amtlichen Lehrplänen der Grund- und Hauptschule in leistungsbezogenen Klassen, aber auch in klassenübergreifenden Lerngruppen unterrichtet.

Die Schulen 53

Collage über das Fritz-Felsenstein-Haus für Körperbehinderte.

Nach dem Ende der Schulpflicht können die Schüler je nach Leistungsfähigkeit und Förderschwerpunkt auf eine Tätigkeit in einer Werkstatt für behinderte Menschen vorbereitet werden oder in weiterführende Schulen übertreten, bzw. einen entsprechenden Schulabschluss an Hauptschule, Realschule oder Gymnasium erreichen. Mittlerweile hat sich das Fritz-Felsenstein-Haus weit über die Grenzen von Königsbrunn hinaus zum führenden Kompetenzzentrum für Körperbehinderte in Schwaben entwickelt.

Die Brunnenschule betreut schulpflichtige Kinder und Jugendliche aus Königsbrunn und dem Landkreis Augsburg, die einen besonderen Förderungsbedarf aufweisen, der an keiner anderen Schule erfüllt werden kann. Sie versteht sich dabei primär als Schule der sozialen Eingliederung und als positiver Lebensraum. Dabei sollen den ungefähr 240 Schülern individuell angepasste Unterrichtsziele in verschiedenen Lernbereichen vermittelt werden, wie z. B. Sprach-, Denk-, und Bewegungsförderung, Anregung der

Sonderschulzentrum an der Karwendelstraße, Luftaufnahme 1982.

Wahrnehmungssinne oder Förderung des Interesses und der Kreativität in Bereichen wie Sport, Natur, Technik, Musik oder Werken.

Die Christophorus-Schule wird von knapp 400 Schülern besucht. Als sonderpädagogisches Förderzentrum möchte sie Kindern und Jugendlichen helfen, die Probleme im Lernen, in der Sprache und im Verhalten haben, ihr Recht auf eine angemessene Bildung und schulische Erziehung zu erfüllen.

Eingang der Christophorus Schule.

Dabei setzt die interdisziplinäre Frühförderung schon bei Kleinkindern ein, u. a. auch an der Frühförderstelle im Kinderkrankenhaus Josefinum in Augsburg. Weiterhin kann die Schule entwicklungsverzögerte und sprachauffällige Kinder im Alter von 4 bis 6 Jahren sonderpädagogisch fördern, sie verfügt über unterschiedliche Förder- und Diagnoseklassen in den Jahrgangsstufen 3 und 4 und kann in den Klassen 3 bis 9 bei entsprechendem Förderbedarf auch eigene schülerspezifische Lehrpläne entwickeln und anwenden.

Neben der heilpädagogischen Tagesstätte sind besonders noch die mobilen sonderpädagogischen Dienste und Beratungsmöglichkeiten zu erwähnen, die die Christophorus-Schule über die Stadtgrenzen hinaus haben bekannt werden lassen.

Die private Adolph-Kolping Berufsschule zur individuellen Lernförderung mit ungefähr 450 Schülern bietet in kleinen Klassen individuelle Betreuung, Lernförderung, Praktikumsbegleitung, aber auch heilpädagogische Betreuung an und ergänzt somit das Angebot der sonderpädagogischen Förderschulen vor Ort.

Das umfassende Bildungsangebot der Stadt Königsbrunn wäre unvollständig ohne auf die städtische Sing- und Musikschule zu verweisen. Gegen entsprechende Gebühren kann hier ein vielfältiges Unterrichtsangebot wahrgenommen werden. Damit möchte die Stadt Kindern, Jugendlichen und Erwachsenen die Möglichkeit zu einer umfassenden qualifizierten musikalischen Ausbildung im Bereich der Instrumental- wie auch der Gesangsmusik anbieten.

Vereine

von Rudi Pattak

Was wäre Königsbrunn ohne seine Vereine? Altbürgermeister Fritz Wohlfahrth sagte einmal: „Die Vereine sind das gesellschaftliche Rückgrat der Kommune". Nach amtlichen Angaben gibt es derzeit 140 Königsbrunner Vereine, die alle hier aufzuführen den Rahmen dieses Buches sprengen würde. Es wurden daher nur einige ausgewählt.

Feuerwehr

Im Februar 1873 meldete Bürgermeister Johann Rager dem Bezirksamt „gehorsamst", dass die hiesige Gemeinde eine neue zweirädrige Kammerspritze vom Geschäftshaus des Glockengießers Eduard Becker aus Ingolstadt erhalten hat. Diese Geräte wurden zunächst von einem als „Spritzenmeister" verpflichteten Gemeindebediensteten zur Betreuung übergeben. Wie in einer alten Chronik zu lesen ist, waren es der Strumpfwirker Josef Dieminger sowie die Ökonomen Gottfried Stark und Josef Marquard, die sich am 16. März 1873 im Gasthaus Lauser (heute: Gast-

Weihe der neuen Fahne der Freiwilligen Feuerwehr Königsbrunn, 1957.

hof Krone) trafen, um eine Freiwillige Feuerwehr in Königsbrunn zu gründen. Die Gründungsversammlung wurde von Pfarrer Josef Federle und dem Lehrer Karl Igel geleitet. Von den damals 1346 Einwohnern erklärten sich 47 Mann bereit, sich unter den neuen Statuten durch „kräftiges Zusammenwirken beim Ausbruch eines Brandes dem Feuer Einhalt zu thun und das Hab und Gut eines Jeden zu schützen". Ihren ersten großen Einsatz hatte die Freiwillige Feuerwehr Königsbrunn am 25. August 1875 in der Kunstmühle in Haunstetten zu leisten. Dabei fingen die beiden Schlauchführer – so berichtet die Chronik – Johann Butt und

Gruppenbild zum 50jährigen Gründungsjubiläum der Freiwilligen Feuerwehr, 1923.

Schlüsselübergabe für das neue Hilfeleistungslöschfahrzeug HLF 20/16 von Bürgermeister Ludwig Fröhlich an Kommandant Manfred König im November 2006.

Georg Rößle Feuer, weil sie sich zu nahe heranwagten. Sie mussten in den Lochbach springen, obwohl sie nicht schwimmen konnten. Vorstand Dieminger und Kommandant Gruber retteten sie vor dem Ertrinken. Die Feuerwehr wird aber auch bei anderen Notfällen, nicht nur in Brandfällen eingesetzt. Dass dies auch früher schon so war, darüber gibt das Protokoll- und Einsatzbuch trefflich Auskunft. So heißt es am 3. Juli 1889: „Verfolgen und Arretieren einer Zigeunerbande". Eine Zigeunerbande machte nämlich den Ort Königsbrunn durch Rohheiten und Stehlen verschiedener Gegenstände unsicher. Die Gendarmerie war in Kenntnis gesetzt, konnte aber nichts dagegen ausrichten, da die Bande zu stark war, weshalb die Gendarmerie die Feuerwehr zu Hilfe rief. Erst dann gelang es, die Bande in einer Kiesgrube bei Königsbrunn, wohin sich dieselbe geflüchtet hat, nach hartnäckigem Widerstand festzunehmen. Heute besitzt die Freiwillige Feuerwehr elf Kraftfahrzeuge und sechs Anhänger. Als Stützpunktwehr wird sie bei Bedarf in den gesamten südlichen Landkreis gerufen.

Segnung des neue Hilfeleistungslöschfahrzeugs HLF 20/16 durch Kaplan Manfred Bauer.

Wasserwacht

Die Königsbrunner Wasserwacht wurde am 4. März 1967 gegründet. Der Kaplan von St. Ulrich, Max Stetter, versammelte einige beherzte Wasserwacht-Interessenten und gründete die Ortsgruppe Königsbrunn. Dies geschah genau 55 Tage vor der offiziellen Stadterhebung.
Da Kaplan Max Stetter noch im Jahr 1967 dienstlich versetzt wurde, war nach wenigen Wochen ein Wechsel in der Vorstandschaft erforderlich. Bereits

Wasserwachtstation am Ilsesee, um 1985.

1969 hatte die Königsbrunner Wasserwacht zwei Rettungsstationen zu betreuen. Dies waren eine Hütte am alten Lochbachanstich und ein Zelt am neuen Lochbachanstich.

Am 11. Juli 1970 war ein besonderer Tag für die Königsbrunner Wasserwacht. Drei Amerikaner wurden aus den Fluten des Lechs gerettet. Sie waren ohne schwimmen zu können in den Lech gesprungen. Und ein besonderes Wochenende war der 14. und 15. Juli 1973. An diesem Wochenende rettete die Königsbrunner Wasserwacht fünf Personen aus dem Kehrwasser des Lechs. Ein Boot, besetzt mit fünf Personen, geriet hier in Not. Die Wasserwacht war rechtzeitig zur Stelle.

Der Königsbrunner Badebetrieb verlagerte sich inzwischen vom Lech und Lochbach zum Ilsesee. An heißen Tagen zählte man hier 5.000 bis 6.000 Badegäste. Die Wasserwacht musste nun gleichzeitig an verschiedenen Örtlichkeiten mobile Wachstationen versehen. Noch im Jahre 1973 wurde am Ilsesee die Installierung einer ortsfesten Wachstation geplant und schließlich mit Unterstützung von zwei Königsbrunner Firmen ein alter geschlossener Tiefladeanhänger beschafft und als „Wasserrettungsstation" umfunktioniert. Am 1. August 1975 wurde im Beisein des Landrates Dr. Frey diese Rettungsstation eingeweiht. Zehn Jahre später, am 21. Juni 1985, wurde dann die neue Wasserwachtstation am Ilsesee eingeweiht. Ein zum See hin offener Bau, mit Blick frei über den ganzen See. Der Musikchor der Bayerischen Bereitschaftspolizei wurde für dieses Fest aufgeboten. Zugleich wurde hier auch ein für Sommer und Winter tauglicher Eisgleiter übergeben.

Die Jugendarbeit zählt auch heute noch zu den Schwerpunkten des Vereinsleben. Mitte der 80er Jahre waren auch Ausflüge angesagt. Christian Preißler erzählte von einem Ausflug nach Munster-Lager, als beim Panzerschiessen eine Betreuerin vor Schreck einfach umgefallen ist. Sehr zur Belustigung der anwesenden Jugendlichen. Ihm wird heute noch unheimlich, wenn er an einen anderen Ausflug an die „Zonengrenze" denkt, als die Volkspolizisten der DDR Zielübungen auf die Königsbrunner Wasserwachtler machten. Neben der Kinder- und Jugendarbeit bildet die Wasserwacht Königsbrunn aber auch aus, so zum Beispiel die Wasserrettungstaucher. Seefeste mit Feuerwerk waren in der Vergangenheit immer wieder Anziehungspunkte für die Königsbrunner Bevölkerung.

Bereitschaftspolizei spendete 1994 ein Schwimmbrett für die Königsbrunner Wasserwacht, v.l. Alexander Leupolz (Wasserwacht), Theodor März (Polizeihauptkommisar), Max Strehle (MdL), Werner Aigner (Polizeidirektor) und Albert Schmid (MdL).

Heute hat die Wasserwacht die modernste Trinkwasseraufbereitungsanlage Deutschlands. Damit ist sie bei vielen Katastrophenherden auf der ganzen Welt vertreten. Überall wo nach einer Katastrophe Trinkwasser fehlt, kommt diese Anlage zum Einsatz.

Faschingsvereine

Königsbrunner Narren haben es schon immer „krachen lassen" und sie haben darin auch Tradition. Schon in den 50er Jahren gab es ein Prinzenpaar in der Brunnenstadt. Richtig los ging es aber erst 1978 mit der Gründung des CCK.

Die Augsburger Faschingsgesellschaft Galaxy wollte gemeinsam mit dem CCK zu närrischen Höhenflügen ansetzen, nach einer Saison ging man jedoch wieder getrennte Wege. Die Faschingsgesellschaft Galaxy verschwand in den Weiten das närrischen Universums, der CCK aber blieb. An Talenten mangelte es beim CCK ohnehin nicht. So zum Beispiel Harry Geissler und Günther Linkus als die „Macher". Das

Harry Geissler (li.) und Günter Linkus, zwei Urgesteine des Königsbrunner Faschings Ende der 70er Jahre.

erste Prinzenpaar hieß Friedericke Wohlfahrth und Udo Kretschmer. Als Glanzlichter aber strahlten damals der Gesangsverein „Liederkranz"mit seinem Dirigenten Anton Schneider und den Wanderfreunden mit ihrem Männerballett. Ab 1983 wurden dann unter der Führung von Dieter Krinitzky die ersten Narrensitzungen abgehalten. In Gemeinschaftsarbeit mit dem Kolpingsverein wurde ein von der Firma Fieber gestifteter Wagen als Prunkkutsche umgearbeitet. Der Kunstmaler Marcel Zapf, der auch der Königstherme den richtigen Anstrich

Vereine 59

Das erste Prinzenpaar des CCK Königsbrunn waren Friedrike I. und Udo I. 1977.

gab, verwirklichte sich in der Malerei des Wagens. Mit diesem Faschingswagen und den Gardemädchen konnte sich nun der CCK sehr aktiv bei den Festumzügen in den Nachbargemeinden präsentieren. Annelise Warstat war es, die mit der Idee einer Stadtgarde-Tanzgruppe auf den Plan trat. Bei einem Treffen in Stuttgart ist dieser Plan gereift. „Eine Stadt braucht eine närrische Stadtgarde" und natürlich auch einen Gardemarsch. 1985 traten die Tanzgruppe zum ersten Mal in diesem Kostüm zum Königsbrunner Gardemarsch auf. Die Schulden wurden immer mehr und es musste gespart werden. 1986 kam Rudi Ribbrock als Brunnenfrosch. Er sollte als Ersatz für ein nichtvorhandenes Prinzenpaar dienen. Der Schlachtruf des CCK: „CCK Fantasia" ward immer weniger laut zu hören. Es kam dann zum großen Krach. Ein Teil der Mitglieder gründete einen Konkurrenzverein, die „Königsbrunner Zopfabschneider". Heute sind es also zwei Karnevalsvereine, die in Königsbrunn um die Gunst der Narren kämpfen.

Vorkriegs- und Nachkriegsvereine

Im 19. Jahrhundert ist auch noch der Liederkranz, der Imkerverein, der Soldaten- und Veteranenverein und der Schützenverein Lechau gegründet worden. Alles Vereine, wie sie in allen anderen Gemeinden zu dieser Zeit auch vertreten waren. Der Schützenverein Lechau befindet sich allerdings derzeit in einer sehr schwierigen Lage. Es ist zu befürchten, dass sich dieser Traditionsverein in Kürze auflöst. Nach 117 Jahren ist man hier ohne ersten Vorstand und es zeichnet sich keine Lösung ab, da die Perspektiven für den Verein fehlen.

Fahnenweihe des Schützenvereins „Lechau", 1958.

In den Jahren nach dem Kriege kamen der VdK, der Verband der Heimkehrer, der Sterbekassenverein Königsbrunn und der Verein für ambulante Krankenpflege dazu, so dass im Jahr der Stadterhebung 1967 es in Königsbrunn ungefähr 30 Vereine gab. Heute sind es 140 Vereine und das Vereinsbild hat sich ganz gewaltig verändert. Unsere Vereine sind städtischer geworden. Sie strahlen über die Grenzen von Königsbrunn hinaus.

Die Ballonfreunde Lechfeld

Die Ballonfreunde Lechfeld e.V. wurden am 16. November 1994 gegründet. Ein kleiner aber feiner Verein. Ihm gehören heute 23 Mitglieder an, darunter sind

Innenbereich eines Heißluftballons.

Heißluftballon bei der Königsbrunner Heißluftballonwettfahrt während der Gautsch.

vier Pilotinnen und 15 Piloten. Seit 1995 betreibt dieser Verein eine eigene Ballon-Luftfahrerschule, in der Heißluftballon- und Gasballonführer sowie Freiballonlehrer ausgebildet werden. Der Startplatz für Heißluftballone befindet sich am Waldspielplatz in Königsbrunn (Wasserhausweg), der Gasballonstartplatz in Gablingen bei der Firma Linde.

Den Ballonfreunden Lechfeld e.V. gehören acht Heißluftballone sowie ein

Beim Start eines Heißluftballons.

Gasballon an. Seit 1995 richtet dieser Verein alljährlich die „Königsbrunner Heißluftballonwettfahrt" am Gautschwochenende, seit 1999 eine Gasballonwettfahrt, den „Lechfeldcup", aus. Insgesamt ist dieser Verein darauf ausgerichtet, möglichst oft ganz einfach zusammen Ballon zu fahren, „Glück ab gut Land" wie es bei den Ballonfahrern heißt.

Seemanns-Chor und Segelclub

Im süddeutschen Raum mit einem Seemanns-Chor aufzuweisen, ist schon etwas besonderes. 41 gestandene Männer singen Lieder von der Weite und der Sehnsucht nach dem Meer. Mit ver-

Boote des Königsbrunner Segelclubs beim Ansegeln 2006.

Maienbowle des Seemannchores Königsbrunn im evangelischen Gemeindesaal, 2006.

schiedenartig gelagerten Auftritten begeistern sie immer wieder ihre Zuhörer. Bereits zwei CDs hat dieser Chor aufgenommen; Lieder auf dem Achterdeck ist nun die Dritte. Dieser Chor ist ein Teil des Königsbrunner-Segel-Clubs, der auf dem „Königsbrunner Meer" segelt. Von April bis September sind die Segler hier mit ihren Schiffen unterwegs. Sie fahren zum Spaß, als Freizeitvergnügen oder wenn's mal in einer Regatta ist, wettkampfmäßig gegeneinander. Er ist zwar nicht der größte Verein in Königsbrunn, aber einer der rührigsten in der Stadt. Mit etwa 240 Mitgliedern ist er von der Vereinsgröße her im Mittelfeld. Jugendarbeit wird hier im Verein sehr groß geschrieben. Die erste Veranstaltung des Jahres ist die Winterwanderung – nicht ganz seglerisch – aber es hat Tradition, bevor dann nach Ostern die Segelsaison beginnt.

Koreanischer Frauenchor

Es haben sich auch exotisch anmutende Vereine gebildet. Einen Hauch von

Auftritt des Koreanischen Frauenchors beim Serenadenabend 2006.

weiter Welt vermittelt der „Koreanische Frauenchor". Es ist eine Vereinigung koreanischer Frauen, die sich hier um Sam Sun Dorotik zusammengefunden haben. Hier werden heimatliche Lieder und Volksweisen gesungen. Es ist immer wieder ein schöner exotischer Anblick und auch Kunstgenuss, wenn beim Königsbrunner Serenadenabend dieser Chor auftritt.

Kneippverein
Der Name klingt ganz konventionell. Und das Programm wäre es auch, wenn da nicht T'ai Chi Ch'uan, eine uralte Bewegungskunst aus China wäre. Tai Chi Ch'uan ist ein Weg, über die Bewegung und Atmung zur inneren Ruhe und Entspannung zu finden. Sie wirkt positiv auf Körper und Geist und aktiviert die Selbstheilungskräfte des Körpers. Auch dies kann man in Königsbrunn lernen. T'ai Chi Übungen wirken bei wiederholtem Üben von Innen. Der Körper verwandelt sich durch das Freisetzen von Energie auf der Zellebene, ohne Eingriff von Außen. Durch das Fließen und den Ausgleich von Yin und Yang Energie wird unser Geist wacher und wir finden neue Lösungsmöglichkeiten im alltäglichen Leben, welches sich auf den Körper mit weniger Streßsituationen und Verkrampfungen auswirkt. Unsere Selbstheilkräfte entfalten sich.

81 Jahre TSV – fit wie ein Turnschuh
„Sport ist im Verein am schönsten." Mit seinen 2.500 Mitgliedern ist der TSV Königsbrunn der größte und zugleich einer der ganz alten Vereine in der Stadt. Wie uns 1. Vorstand Manfred Füssel erzählt, sind es derzeit 16 Sparten, in denen die Königsbrunner Bevölkerung „ihren" Sport betreiben kann. Bereits am 28. Februar 1926 wurde der TSV im Oßwaldschen Saal der Gaststätte „Zum Hirsch" (heute Hotel Zeller) aus der Taufe gehoben. Der turnbegeisterte Bürgermeister Xaver Widmeier aus Haunstetten dürfte die Königsbrunner Bürger bei diesem Entschluss maßgeblich beeinflusst haben. Der Bürgermeister, Pfarrer, Lehrer, Geschäftsleute sowie sportbegeisterte junge Männer trugen sich als Mitglieder ein. Es waren 59 Personen – man kann sagen, ein viel versprechender Anfang.
Neben den klassischen Sportarten wie Leichtathletik, Turnen, Fußball und Handball können die Königsbrunner nun zwischen Schwimmer, Tennis, Tischtennis, Eisstock und Eiskunstlauf, Basketball und Faustball, Gesundheitssport, Volleyball und Boxen sowie Aikido, Karate-Do und Judo wählen. Der Verein sieht sich der breitensportlichen Betätigung schon immer besonders verbunden. Spaß und Freude an der sportlichen Betätigung für die ganze Familie sollen die wichtigsten Triebfedern für die Mitgliedschaft im TSV sein.

Freizeitangebote

von Werner Ried

Kneippen

Ein beliebter Treffpunkt für alle Altersgruppen ist die Wassertretanlage nach Pfarrer Kneipp in der unteren Kreuzstraße, ungefähr 100 Meter südlich der Königsallee, und von dieser aus leicht zu erreichen. Obwohl ein echter Kneippianer mit dem Fahrrad kommt, stehen dennoch ein paar Parkplätze für Autos zur Verfügung. Für die Durchblutung der Beine gibt es ein Becken, knietief gefüllt mit eiskaltem Wasser. Auf einer Tafel wird den Wassertretern genau erklärt, wie es funktioniert. Der Sportsfreund watet zunächst drei Runden im Storchengang durch das Becken, und spaziert anschließend

Einweihung der Kneippanlage durch Bürgermeister Adam Metzner am 13. Juni 1995.

durch die Wiese, bis die Füße wieder warm werden. Für die Durchblutung der Arme gibt es ein separates Becken, auch wieder nach der Originalanleitung von Pfarrer Kneipp. Rund um die Anlage stehen auch genügend Ruhebänke zur Verfügung.

Hot wheels

Wesentlich rasanter geht es weiter östlich, in Richtung Gymnasium, zu. Dort treffen sich die Skateboarder und Inline-Skater auf einem Areal von der Größe eines Fußballfelds. Die weniger

Luftaufnahme vom Gymansiumweiher, Skaterpark und Arboretum, Juni 2004.

geübten drehen einfach ihre Runden auf dem Asphalt. Die Experten zeigen ihr Können an den diversen Obstacles (Hindernissen), und wer selber nicht skatet, setzt sich auf eine Bank und erfreut sich an den Powerslides (Schnellstopps) oder Airs (Sprünge) der Artisten, und hat beim Zuschauen seinen Spaß.

Ski und Rodel

Weiter im Westen, zwischen der unteren Kreuzstraße und Wertachstraße, kommen die Wintersportler auf ihre Kosten. Dort befindet sich der wohl höchste Berg von Königsbrunn. Die Piste ist breit genug, und bietet als

Rodelberg östlich der Wertachstraße im Winter 2007.

Nordhang einigermaßen schneesichere Schlittenabfahrten. Gleich daneben, an der Wertachtraße entsteht ein noch gewaltigerer Berg. Ein Skilift im Gespräch, ganz kühne Visionäre träumen von einem Restaurant auf dem Gipfel.

Ballspiele

Für Freizeitballsportler gibt es Bolzplätze und Basketballfelder an der Königsbrunner Heide, am Wasserspielplatz und an einigen anderen Spielplätzen.

Sogar die Kirche hat ein Herz für Freizeitkicker, östlich der Kirche Maria unterm Kreuz besteht ein weiterer Platz. Hockeyspieler zeigen ihr Können auf den Plätzen am Sportpavillon oder am Feuerwehrhaus. Beach-Volleyball spielt man am Ilsesee, das nötige Netz gibt es gegen eine Leihgebühr am Kiosk.

Spielplätze

Für Kinder stehen überall im Stadtgebiet Spielplätze zur Verfügung. Der schönste von ihnen erstreckt sich entlang der Mindelheimer Straße von Osten bis zum Trachtenheim. Die Attraktion dürfte wohl der eigentliche Wasserspielplatz sein. Auf einem Hügel sind Wasserpumpen installiert, so dass die Kinder im Sand Flüsse und Seen bauen und dann mit Wasser auffüllen können. Nicht selten sieht man auch Väter, die Spaß daran haben. Etwas weiter gibt es einen Klettergarten, und natürlich darf die Rutschbahn nicht fehlen. Die ganz Mutigen üben sich an der senkrechten Kletterwand oder balancieren über die Hängebrücke.

Wasserspielplatz an der Mindelheimer Straße im Sommer 2001.

Die daran anschließende Wiese ist groß genug für Basketball und Fußballspiele. Wer hoch hinaus will, kann seine Kletterkunst am Netzturm, be-

Im neuen Baugebiet um den Eichenplatz entstand im Sommer 1966 der erste Kinderspielplatz.

weisen. Am Ende gibt es noch einen Sandkasten und ein Spielhaus für die kleineren Kinder und natürlich genügend Ruhebänke und Tische für die Mamas zum Brotzeitmachen.

Badeparadiese im Freien

In den 70er Jahren befand sich am Süd-Ostrand der Stadt ein Kieswerk mit einigen Baggerlöchern. Da die Ufer

Ilsesee.

sehr steil abfallend waren, konnten die Seen nur von guten Schwimmern genutzt werden. Parkplätze gab es zwischen Kies und Bauschutthaufen, und Liegewiesen gar nicht. Einzig das Wasser war von bester Qualität und glasklar. Da sich keine der Kommunen Augsburg und Königsbrunn für die Seen zuständig fühlte, blieb es lange so, bis sich die beiden Städte in den 80er Jahren endlich einigten, und einen, den südlichsten der Seen, zum Naherholungsgebiet erschlossen. Auf den gepflegten Liegewiesen am so

Badespass am Ilsesee.

genannten Ilsesee gibt es Sichtschutzwände zum Umkleiden, Ruhebänke, ein Volleyballfeld, Tischtennisplatten, Kinderschaukeln, Rutschbahnen und einen Kiosk mit Biergarten und Toiletten. Die kleinen Badegäste tummeln sich mit ihren Eltern an der Nordostseite des Sees, wo man schon von Weitem ein gestrandetes Seeräuberschiff erkennen kann. Dort gibt es auch eine kleine Bucht mit Sandstrand.

Für die Sicherheit wird durch die Wasserwacht bestens gesorgt, die Station befindet sich am Westufer, sie ist an den Wochenenden besetzt. Auch bei den Eisstockschützen und Schlittschuhläufern ist der See sehr beliebt.

Wintersport am Ilsesee.

Wer nur spazieren gehen will, geht auf dem Fußweg am See entlang, und gelangt so nahtlos in den Siebentischwald. Alle Wege sind gut ausgebaut und sehr gut beschildert. Dies macht den Ilsesee auch im Winter zu einem idealen Gebiet für den kleinen Spaziergang zwischendurch.

Bis zur Mitte der 70er Jahre befand sich an Stelle der Staustufe 23 ein Lechwehr ohne Brücke. Zur Regulierung des Wasserstands benötigte man einen

Lechstaustufe 23 – Mandichosee.

Stausee, und um Energie zu gewinnen wurde gleich noch ein Kraftwerk gebaut. Auf Betreiben der Königsbrunner, unter dem rührigen Bürgermeister Fritz Wohlfahrth kam dann noch eine Brücke über den Lech dazu, die 1978 eingeweiht wurde. Die Meringer nennen die Lechstaustufe 23 Mandichosee.

Lechstaustufe 23 – Mandichosee.

Zugegeben, der See befindet sich nicht auf der Königsbrunner Flur, ist aber mit dem Fahrrad von der Brunnenstadt aus leicht erreichbar. Für Badegäste, die mit dem Rad anfahren, ist das Westufer besonders reizvoll, da die Zufahrt für Kraftfahrzeuge gesperrt ist, und dadurch wenig Betrieb herrscht. Anders am Ostufer, der Meringer Seite, wo sich ein großer Parkplatz befindet, und bei gutem Wind Surfer und Segler über die Wasserfläche jagen. Weiter im Süden finden wir einen Biergarten mit Toiletten und Wasserwacht, Liegewiesen und einen Spielplatz für Kinder.

Badespaß unterm Dach

Die Befürworter des Thermen-Projekts wurden zunächst von den Gegnern für verrückt und größenwahnsinnig erklärt, doch Fritz Wohlfahrth setzte sich durch, und im Jahr 1984 fand die Einweihung der Königstherme statt. Das

Königstherme und Eishalle, Luftaufnahme um 2002.

Außenanlagen der Königstherme.

Unternehmen erzielt inzwischen sogar Gewinn und wurde im Jahr 2006 durch neue Ruheräume erweitert. Es wird in der Therme viel geboten: Ein großes 30 Grad warmes Becken

mit Wildwasserbahn, Sprudelbecken, Jet-Düsen, und Fontänen sowie drei verschieden hohe und steile Rutschbahnen, ein 25-Meter-Becken mit einer Wassertemperatur von 21 Grad sowie eine großflächige Saunenlandschaft mit einer eigenen Abteilung für Frauen. Essen kann man im Restaurant Thermenblick.

Mit dem Bau des Gymnasiums in den 60er Jahren entstand ein kleines Hallenbad. Das 25-Meter Becken ist in Schwimmer- und Nichtschwimmerzonen unterteilt. Es ist allerdings nur zweimal wöchentlich für das Publikum geöffnet, in den Schulferien ganz geschlossen.

Kinovergnügen

Schon in den 50er Jahren hatte Königsbrunn ein Kino, natürlich nur einen Saal, der sich in dem Gebäude gegenüber des Cafe Mozart, an der heutigen Bürgermeister-Wohlfahrth-Straße befand. Im Jahr 1997 eröffnete das „Hollyworld" gegenüber dem Arkadenhof mit sechs Sälen und einem

Innenansicht der Königstherme.

Cafe. Dort werden die neuesten Filme gezeigt. Als Besonderheit können die Bürger einen Film des Monats wählen, der dann an einem bestimmten Abend läuft.

... und nach dem Kino ins Cafe Filmriss.

Puzzlestadt Königsbrunn

Am 26. September 2004 veranstaltete die Stadt Königsbrunn in Zusammenarbeit mit der Firma Ravensburger AG den 1. Deutschen Puzzletag und erzielte auf Anhieb einen Eintrag im Guinness-Buch der Rekorde für den Weltrekord im Legen der längsten Puzzle-Kette. Dazu hatte der Ravensburger Spieleverlag rund 3.500 Puzzles gestiftet. Kälte und Nieselregen trotzend legten 7.000 Puzzlefans innerhalb von fünf Stunden ein Puzzle-Band von 1.230 Metern Länge.

Blick auf die Puzzlemeile.

Der Erfolg machte Mut. Und so fand am 17. September 2006 der 2. Deutsche Puzzletag statt, diesmal als Wettbewerb gegen die Stadt Buxtehude. Beide Städte sollten in fünf Stunden möglichst 5.000 Puzzles verschiedener Größen legen. Der Ravenburger Verlag musste einem 36-Tonnen-Sattelschlepper engagieren, um die fast zwei Millionen Pappteilchen in beide Städte zu transportieren. Und wieder gelang den 20.000 Königsbrunnern ein Rekord: Ihr Puzzle-Band war 2,5 km lang – 600 m länger als das der Buxtehuder – und brachte einen neuen Eintrag Guinness-Buch der Rekorde.

Kulturleben

von Franz Moritz

Das Kulturbüro der Stadt Königsbrunn ist als „Servicestation" unmittelbare Anlaufstelle für die kulturellen Belange aller Bürgerinnen und Bürger. Dazu gehören, was den unmittelbaren Publikumskontakt betrifft, im Wesentlichen folgende Angebote: Beratung und Anmeldung für Volkshochschule und Musikschule, Auskünfte zu kulturellen Veranstaltungen und Einrichtungen, Kartenvorverkauf, das Bereitstellen von allgemeinen Bürgerinformationen sowie touristische Auskünfte. Vom Kulturbüro aus wird das gesamte Sachgebiet der Kultur in städtischer Verantwortung geleitet mit einer übergreifenden Funktion für alle kommunalen Kultureinrichtungen: Sing- und Musikschule, Volkshochschule (Außenstelle der Volkshochschule Augsburger Land e. V.), Stadtbücherei, Museen (Lechfeldmuseum, Naturwissenschaftliches Museum Dr. Fischer, Archäologisches Museum, Heimatvertriebenenstube, Sammlung Gregor Kruk) und das Stadtarchiv.

Das Kulturbüro ist darüber hinaus als Kulturveranstalter tätig und unterbreitet allen Bevölkerungsschichten ein hochwertiges Veranstaltungsangebot

Das Theater „Tam Bambura" spielte ein Weihnachtsstück in der Stadtbücherei.

Kunstausstellung mit Werken von Gašpar Bolković Pik im Sitzungssaal des Rathauses, 2005.

mit einem möglichst vielfältigen Spektrum. Dazu zählen u. a. klassische und populäre Musik, Literatur, Kinder- und Jugendtheater, Film und Bildende Kunst. Dies geschieht unter Berücksichtigung dessen, was durch örtliche Vereine bereits geleistet wird. Das Kulturbüro wird also veranstalterisch vor allem in Bereichen tätig, in denen weder durch bürgerschaftliches Engagement noch durch kommerzielle Veranstalter ein ausreichendes Angebot entsteht. Ziel ist es, die Möglichkeiten einer qualifizierten Freizeitgestaltung zu verbessern, beizutragen zu Bildung, Sinnorientierung und Wertevermittlung und nicht zuletzt im Sinne eines weichen Standortfaktors die Lebensqualität in der Stadt zu steigern.

Für die Königsbrunner Vereine erfüllt das Kulturbüro die Funktion einer Kontakt- und Koordinationsstelle. Beispielhaft ist hier als besonders gelungenes Projekt der Zusammenarbeit das umfangreiche städtische Ferienprogramm zu nennen. Die Aktivitäten im Rahmen der Partnerschaft mit der Stadt/Insel Rab in Kroatien werden vom Kulturbüro in enger Kooperation mit dem Rabforum e. V. durchgeführt.

Die Volkshochschule

Jeder, der beruflich weiterkommen will, muss seine Kenntnisse ständig auffrischen. Die Volkshochschule in Königsbrunn ist ein kompetenter Schulungspartner für Computer- und Sprachkurse, für wirtschaftliches Know-how

Fremdsprachenkurs an der Volkshochschule.

und Themen der Persönlichkeitsbildung. Auch wer sich in seiner Freizeit kreativ betätigen möchte, ist hier richtig. Besonders groß ist das Angebot im Bereich „Gesundheit und Bewegung".

Yogakurs „Gesundheit und Wellness": im Angebot der Volkshochschule.

Die Sing- und Musikschule

Mit circa 750 Schülerinnen und Schülern ist die städtische Sing- und Musikschule eine wichtige Bildungseinrichtung. Kindern, Jugendlichen und Erwachsenen wird hier ein umfassendes und qualifiziertes Unterrichtsangebot gemacht, bei dem die individuellen Fähigkeiten zum kreativen

Kinderchor der Sing- und Musikschule Königsbrunn.

Umgang mit Musik entdeckt und gefördert werden. Ziel ist es darüber hinaus, mit Veranstaltungen aller Art einen wesentlichen Beitrag zum kulturellen Leben der Stadt zu leisten.

Rockband „Limited Edition" mit Sinfonieorchester der Sing- und Musikschule Königsbrunn.

Die Stadtbücherei

Die Stadtbücherei kann auf mehr als 100.000 Entleihungen pro Jahr verweisen bei einem Bestand von circa 47.000 Medien: Sachbücher, Kinder- und Jugendliteratur, Belletristik, CDs, CD-ROMs, DVDs und Spiele. Die Benutzer erhalten auf Wunsch eine qualifizierte persönliche Beratung, können aber auch von zuhause aus den Bibliothekskatalog auf der städtischen Internetseite einsehen und einzelne Titel vorbestellen. Das Medienangebot wird

Vorlesen in der Stadtbücherei.

ergänzt durch Vorlesenachmittage, Klassenführungen, Buchausstellungen und Autorenlesungen.

Kulturelle Veranstaltungen

Als Auftakt des Veranstaltungsjahrs hat das „Dreikönigskonzert" einen besonderen Stellenwert. Aber auch Rei-

Dreikönigskonzert 2006 mit der Sopranistin Sally de Randt in der Willi-Oppenländer-Halle.

Kunstausstellung „Computerliebe" mit Werken von Ulrich Behrendt.

hen wie der jährliche „Bücherfrühling", die „Kaffee- und Kuchen-Konzerte" und die Filmreihe „MovieClassiX" erfreuen sich großer Beliebtheit. Kontinuierlich gibt es Kunstausstellungen im Foyer des Rathauses. Dazu kommen Angebote für spezielle Zielgruppen (Ferienprogramm, „Klassik für Kinder", „Rockcity").

Die Städtepartnerschaft mit Rab
Das Jubiläumsprogramm 2006 zum 10-jährigen Bestehen der Partnerschaft zwischen Königsbrunn und der Stadt/

Insel Rab in Kroatien ermöglichte viele persönliche Kontakte zwischen den Bürgerinnen und Bürgern beider Städte. Die Organisation auf Königsbrunner Seite übernahm das Kulturbüro in enger Kooperation mit dem Rabforum e. V. Besonders hervorzuheben ist hier auch das Engagement der Königsbrunner Vereine und vieler privater Initiativen.

Raber Folkloregruppe.

Unterzeichnung der Städtepartnerschaftsurkunde zwischen den Bürgermeistern Davor Andrič und Ludwig Fröhlich, 1996.

Naturräume

von Nicolas Liebig und Birgitt Kopp

Die Königsbrunner Heide befindet sich eigentlich auf der Flur der Stadt Augsburg. Genauer gesagt ist sie Bestandteil des 21,5 km² großen Naturschutzgebietes „Stadtwald Augsburg". Die Brunnenstadt kann aber davon profitieren, dass sie ihren Namen für die in Fachkreisen wohl weltweit bekannte Fläche verliehen hat. Außerdem ist es den Erholungssuchenden grundsätzlich egal, auf wessen Flur man intakte, naturnahe Biotope mit hohem Erho-

Die Königsbrunner Heide.

Luftaufnahme der Königsbrunner Heide.

lungswert findet. Zur Königsbrunner Heide wurde bereits viel publiziert, zu den umliegenden Flächen und den auf Königsbrunner Flur liegenden Biotop-typen hingegen kaum. Man könnte gar vermuten, außer der Heide gibt es nichts in bzw. um Königsbrunn. Weit gefehlt, obwohl sich die wirklichen Highlights zugegebenermaßen um das Stadtgebiet herum gruppieren. In unmittelbarer Umgebung, zu Fuß oder mit dem Rad gut zu erreichen, findet man jedenfalls fast alle für den „Lebensraum Lechtal" typischen Lebensräume bzw. deren Reste.

Die Urlandschaft am wilden Lech

Es sind keine 100 Jahre her, als der Lech südlich von Augsburg noch alle Freiheiten eines voralpinen Wildflusses besaß. Ein reich verzweigtes Netz an Flussarmen durchschnitt bei Niedrigwasser mehrere hundert Meter breite, nahezu vegetationsfreie Kiesbänke. Dort, wo die Hochwasser des Lechs einige Jahre nicht ihre volle Kraft zur Entfaltung bringen konnten, bildete sich ein Mosaik aus Trockenrasen, Sanddorn- und Weidengebüsch und –

als Endglied der Vegetationsentwicklung – Kiefernwäldern unterschiedlichster Ausprägung. Doch nichts hatte Bestand. Nach dem nächsten Hochwasser erschien die Landschaft meist vollkommen verändert. Wo vorher eine Kiesbank war hatte sich ein reißender Arm des Lechs gebildet. An anderer Stelle wurde Kiefernwald einfach weggerissen und der blanke Kiesboden freigelegt.

Der Lech an der Staustufe 23 bei Hochwasser.

Die ökologische Bedeutung dieser unglaublich vielseitigen Wildflusslandschaft war einzigartig. Denn der Lech bot mit seinen Auen einen Wanderkorridor für unzählige Tiere und Pflanzen aus dem Alpen auf die schwäbische und fränkische Alb. Ein natürlicher Biotopverbund par excellence. Augsburger Naturforschern, wie zum Beispiel Heinz Fischer (1911 – 1999), haben wir fundierte Aufzeichnungen über die damalige Flora und Fauna sowie ein umfangreiches Bildmaterial über den ursprünglichen Lech zu verdanken. So wissen wir, dass noch bis 1930 Lachseeschwalben auf den Quadratkilometer großen Kiesbänken des Lechs brüteten. Heute ist diese Art europaweit akut vom Aussterben bedroht. Gleiches gilt für zahlreiche andere Vogelarten, Schmetterlinge, Käfer. Nachdem Jahrhunderthochwasser im Jahr 1910 wurde beschlossen, den Lech zum Schutz der Bevölkerung zu „korrektionieren", indem man ihn in ein enges Korsett aus Hochwasserdämmen zwang. Bald darauf erfolgte der Bau der ersten Staustufen, die den Lech heute eher als Seenkette denn als Fluss erscheinen lassen. Große Teile der ehemaligen Aue waren nun vom Lech und seiner „zerstörerischen Kraft" abgeschnitten. Die Folgen dieser wasserbaulichen Eingriffe auf das Ökosystem waren enorm. Der Grundwasserspiegel sank und es setzte eine ungehinderte Boden- und Vegetationsentwicklung ein. Leidtragende waren zuerst die offenen Lebensräume, wie z. B. die Lechheiden. Bäume und Sträucher verdrängten konkurrenzschwache und lichtbedürftige Tiere und Pflanzen. Ein Übriges taten die Siedlungsentwicklung, der Straßenbau und die Intensivierung der Landwirt- und Forstwirtschaft. Bis heute sind nur noch ein Prozent der offenen Lebensräume im Lechtal übrig geblieben.

Hierzu gehören die Kiesbänke am Lech, deren Flora sich durch die Regulierung sehr stark verändert hat, zu den vom Grundwasser geprägten naturnahen Lebensräumen am heutigen Lech. An Hand der nun dort vorkommenden Arten (z. B. Barbara-Kraut) lässt sich die zunehmende Nährstoffbelastung des Lechs belegen. Verloren gingen die auf nährstoffarme Standorte spezialisierten Arten, die der Lech aus den Alpen mitbrachte (z. B. Silberwurz, Alpenleinkraut). Durch die fehlende Umlagerung bei Hochwassern werden die Kiesbänke

Kiesbank am Lech.

Undurchdringlicher Auwald umsäumt den Lech.

des Lech immer stärker durch dauerhaften Pflanzenbewuchs (z. B. Rohrglanzröhricht, später Weidengebüsche) fixiert. Auf Flächen, die nur noch alle 2 bis 3 Jahre überflutet wurden, entwickelten sich am unregulierten Lech

Grauerlenwälder. Auch heute finden wir sie noch, fehlende Überschwemmungen werden aber auch sie langfristig verschwinden lassen. An ihre Stelle werden Eschen-Ulmen-Auwälder treten. Im Bereich südlich der Staustufe 23 steht das Grundwasser etwas höher, hier findet man noch Bereiche mit urtümlicherem Aussehen. Allerdings auch wieder nicht mehr auf Königsbrunner sondern Merchinger, Schmiechener und Prittrichinger Flur!

Erst durch die Rodungstätigkeit der Menschen im Mittelalter entstanden die weiten, nahezu baumlosen Lechheiden. Sie dienten vor allem Wanderschäfern aus ganz Süddeutschland als wichtige Sommerweide. Die relativ extensive Nutzung führte dazu, dass sich auf den Lechheiden ein unvergleichbarer Artenreichtum entwickeln konnte, der sich auf den verbliebenen

Die Königsbrunner Heide wird jährlich zur Sumpfgladiolenblüte zum Publikumsmagneten.

Heideresten noch erahnen lässt. Berühmtheit erlangt haben die Königsbrunner Heide und die angrenzenden Kiefernwälder sicherlich aufgrund der Sumpfgladiolen-Blüte Anfang Juli.

Sumpfgladiolenblüte Anfang Juli in der Königsbrunner Heide.

Das Gebiet beherbergt die individuenstärkste Population innerhalb des Verbreitungsareals dieser Art. Zu einem Kunstwerk der Natur wird die rosa Sumpfgladiolen-Blüte aber im Zusammenspiel mit der weiß blühenden ästigen Graslilie. Auch diese Art gilt als gefährdet, ist im Gebiet um Königsbrunn aber nicht selten. An der Graslilie gelang es dem Insektenkundler Werner Wolf erst 2006 im Königsbrunner Wald eine Nachtfalterart nachzuweisen, die für Schwaben lange Zeit als „ausgestorben" galt. Es handelt sich dabei um die Graslilien-Eule. Der Falter fliegt in den Abend- und Nachstunden im September und legt seine Eier an die Grundblätter der Graslilie. Nachdem die Raupe noch im selben Jahr geschlüpft ist, frisst sie sich in die Zwiebel der Graslilie um dort zu überwintern.

Schafe bei der Hasenheide am Ölbach.

Im Schatten der Berühmtheit der Königsbrunner Heide steht die Hasenheide mit ihren umliegenden Magerwiesen. Die meisten kennen Sie nicht einmal, obwohl jeder Königsbrunner bestimmt schon über sie gelaufen ist.

Sumpfgladiole (Gladiolus palustris).

Es handelt sich hierbei um den Bereich nördlich des Wasserhausweges beim Bolzplatz, der vom Schäfer beweidet wird. Entgegen der häufig geäußerten Bedenken gegen die Schafbeweidung auf dieser Fläche sind Schädigungen der Orchideenflora hier nicht festzustellen. Das Kleine Knabenkraut erscheint jährlich wieder in schier unzählbarer Fülle. Durch den späten Beweidungs-

Schäfer Willi Hitzler auf der Hasenheide.

zeitpunkt können die Orchideen in der Regel die Samenbildung abschließen und finden nach der Beweidung die für eine Keimung (aller typischen Arten der Lechheiden) notwendigen Rohbodenstellen. Durch die Beweidung wurde nicht nur die starke Vermoosung der Fläche zurückgedrängt, sondern auch die Überwinterungsbedingungen für die Fauna verbessert. Nach einer Mahd ist die gesamte Fläche bis auf die ungemähten Bereiche „abrasiert", durch den selektiven Fraß der Schafe bleiben einzelne Stängel erhalten, die z. B. zur Überwinterung dienen. Darüber hinaus ist ganz deutlich zu erkennen, wie gut die Schafe ihre Aufgabe als „Samentransporter" erfüllen. Die umliegenden Magerwiesen weisen von Jahr zu Jahr mehr Arten der Heiden auf.

Die Kiefernwälder hatten zu Zeiten des wilden Lech eines gemeinsam. Ihr Wuchs war aufgrund der sehr widrigen Standortbedingung kümmerig. Die Bäume waren maximal 10 Meter hoch und fielen durch ihren sehr knorrigen Wuchs auf. Der Wald war sehr lückig und auf den Lichtungen (den so genannten Brennen) fanden zahlreiche Arten, die wir heute auf unseren Lechheiden finden, einen Lebensraum. Beide Lebensräume daher sind in gewisser Weise ökologisch miteinander verwandt. Noch Anfang der 70er Jahre waren die Schneeheide-Kiefernwälder nördlich der Hasenheide so licht, dass man fast immer von einem zum anderen Weg sehen konnte. Nur wenige Gebüschinseln boten Rückzugsräume für die vereinzelt anzutreffenden Rehe. Die Lechheiden bedürfen, wollen wir sie erhalten, einer regelmäßigen Mahd

Kiefernwald.

oder Beweidung mit Schafen. Die lichten Kiefernwälder dagegen verbuschen zusehends, werden schattiger und verlieren für viele seltene Arten an Lebensraumqualität. Die Auswirkungen der wasserbaulichen Eingriffe am Lech auf die Kiefernwälder sind vergleichsweise schleichend eingetreten, aber nicht minder dramatisch. Zunächst breiteten sich Gräser, wie das Pfeifengras oder das Reitgras, aus. Sie verdrängten Schneeheide, Heideröschen, Enziane und Orchideen und verhinderten den Aufwuchs junger Kiefern. Bald darauf entwickelte sich unter den alten Kiefern ein dichtes Strauchwerk und vertrieb die lichthungrigen und wärmebedürftigen Bewohner der einstig lichten Kieferwälder auf die letzten, noch verbliebenen Lichtungen. Heute gehören die lichten Kiefernwälder voralpiner Flussauen mit ihren Lebensgemeinschaften zu den stark bedrohten Lebensräumen in Europa. Sie werden daher von Fachleuten als nationales Naturerbe eingestuft.

Eine Charakterart der Kiefernwälder ist die Schneeheide. Dieser kleine, maximal 30 cm hohe immergrüne Zwergstrauch streckt oft schon im Februar seine kleinen, rosafarbenen Blüten aus der noch geschlossenen Schneedecke. In intakten Flussauen im Alpenvorland kündigen die geschlossenen Blütenteppiche der Schneeheide als erste den nahenden Frühling an. Die Schneeheide ist sehr konkurrenzschwach. Der starke Grasbewuchs im Königsbrunner Wald macht ihr daher sehr zu schaffen. Allerdings verträgt sie „Verbiss" sehr

Königsbrunner Heide, im Hintergrund der Übergang zum Kiefernwald.

gut, sie braucht ihn sogar. Deswegen sind sich die Experten sehr sicher, dass die Schneeheide von der Beweidung profitieren wird. Gleiches gilt für das Heideröschen und den Regensburger Geisklee. Die beiden in Bayern sehr seltenen Arten weisen auf den auf den gemähten oder beweideten Lechheiden im Stadtwald noch recht gute Bestände auf.

Bekannt sind die Königsbrunner Kiefernwälder auch wegen der zahlreichen Orchideen- und Enzianarten. Auch die Vertreter dieser Pflanzenfamilien sind aus den genannten Gründen in unseren Kiefernwäldern stark im Rückgang begriffen. Eine weitere Art, die erst 2005 vom Biologen Peter Hartmann im Königsbrunner Kiefernwald entdeckt wurde, ist die Große Kerbameise (gilt in Bayern als „vom Aussterben bedroht"). Die Jungkönigin dieser Ameise schleicht sich in das Nest der Grauen Sklavenameise, um dort die Königin zu ersetzen (sprich: sie ermordet sie) und nur noch der eigenen Art zum Nachwuchs zu verhelfen. Mit dem Anwachsen des Volkes kommt es zur Zweignestbildung (Aussiedlung neuer Königinnen mit einem Teil der Arbeiterinnen), wodurch ausgedehnte Koloniesysteme aus bis zu 300 Einzelnestern) entstehen können. Kennzeichnend für die Nesthügel ist die Verwendung von abgebissenen Grasstücken als Baumaterial.

Für den Laien dagegen leicht zu beobachten ist der Baumpieper. Dieser, etwa spatzengroße Vogel ist, was sein Federkleid betrifft, eher unscheinbar. Auffällig hingegen ist sein Reviergesang, den er ab Ende April zum Besten gibt. Dabei fliegt das Männchen mit einem lauten Trillern von einer Singwarte auf, um dann mit einen lang gezogenen „tzja-tzja-tzja" wie ein Fallschirm wieder an den Ausgangpunkt zurückzukehren. Der Baumpieper lebt auf Lichtungen und an Waldrändern. Sein Nest baut er am Boden. Im Stadtwald Augsburg ist der sonst seltene Vogel noch recht häufig. Dort bevorzugt er – wie soll es anders sein – lichte Kiefernwälder als Lebensraum.

Das Naturschutzgebiet „Stadtwald Augsburg" ist ein Schwerpunktgebiet dieses einzigartigen Waldlebensraums. Ihn zu erhalten ist das Ziel des Projektes „Lichte Wälder" des Landschaftspflegeverbandes Stadt Augsburg, das von der Deutsche Bundesstiftung Umwelt (DBU) gefördert wird.

Lebensräume von Menschenhand

Den wassergeprägten Lebensraum von Menschenhand schlechthin stellen die zahlreichen Baggerseen (z. B. Gymnasiumweiher) dar. Ursprünglich entstanden aus der Nutzung als Kiesabbau stellen einige von ihnen heute aufgrund ihres nährstoffarmen Wassers

Gymnasiumweiher, um 1985.

interessante Ersatzlebensräume für einige einst typische Arten der Lechauen dar. Mit der Ausweisung des Trinkwasserschutzgebietes nördlich der Meringer Straße wurde die Bewirtschaftung (vor allem Düngung und Pflanzenschutz) durch die Königsbrunner und Haunstetter Landwirte stark eingeschränkt. Dies hatte neben der Versorgung mit hochwertigstem Trinkwasser langfristig auch Veränderungen in den Lebensgemeinschaften zur Folge. Fritz Hiemeyer schwärmte noch Mitte der 90er Jahre von der Ackerwildkrautflora südlich der Königsbrunner Heide, die durch die Stilllegung der Fläche langsam verloren ging. Für die Landwirte waren das die manchmal lästigen oft unscheinbaren „Unkräuter" am Rande des Ackers. Heute sind es durch den Einsatz von Pflanzenschutzmitteln genauso vom Aussterben bedroht Arten, wie z. B. der grazile Acker-Rittersporn (Rote Liste Bayern 2, stark gefährdet). Ihn findet man sogar noch im südöstlichen Königsbrunner Stadtgebiet. Hier sei auch ausdrücklich den Wasserversorgern, die durch finanzielle Entschädigungen einen Anreiz zum Verzicht auf Düngung und Pflanzenschutz geben und den Landwirten gedankt, die den Erhalt solcher Arten durch ihre Bewirtschaftung ermöglichen! Aber auch die Wiesen veränderten sich. Geringe Düngung und die Nähe intakter Lechheiden haben positive Entwicklungen in Gang gebracht. Im Trinkwasserschutzgebiet finden wir extrem kräuter- und damit blütenreiche Wiesen. Ein prachtvoller Anblick und ein heißbegehrter Tummelplatz für zahlreiche Insektenarten! Manchmal wird auch gezielt nachgeholfen und das auf der Königsbrunner Heide gewonnene Mähgut auf benachbarte Flächen ausgebracht. Der Erfolg kann sich sehen lassen, auch wenn man nicht die Illusion haben darf, Lechheiden können so wieder ohne weiteres hergestellt werden. Sie sind unwahrscheinlich komplexe Lebensräume, die sich über hunderte von Jahren entwickelt haben. Aber wertvolle Erweiterungs- und Pufferflächen können so geschaffen werden und dienen dem Biotopverbund.

Ein besonders schönes Beispiel ist auf Königsbrunner Stadtgebiet in der Nähe der Schleifenstraße zu finden. Bereits 1990 wurde ein Teil dieser Wiese der Stadtwerke Königsbrunn mit Mähgut von der Königsbrunner Heide geimpft. Ziel war die Ansiedlung wertvoller Heidearten auf dem mageren Standort und somit die Erweiterung des Lebensraumes Lechheide. Gerade zwischen den Heiden des Naturschutzgebietes „Stadtwald Augsburg" und dem Truppenübungsplatz Lagerlechfeld gibt es kaum mehr Trittsteinbiotope, deshalb ist diese Fläche hier so wichtig. Eine „normale" extensiv genutzte Wiese bringt es meist auf 20 bis 25 Pflanzenarten. Auf dieser Fläche haben sich nach rund zehn Jahren 88 verschiedene Pflanzenarten angesiedelt, davon 15 (gepflanzte) Gehölzarten, 64 Kräuter- und 9 Gräserarten. Rund 25 Arten sind typische und wertvolle Arten der Lechheiden.

Auch die Ausgleichsflächen am Kring-Weiher sollen dem Biotopverbund dienen. Hier wurde teilweise der Oberboden abgeschoben und ebenfalls

Neues Baugebiet zwischen Gartenstraße und Römerallee, Luftaufnahme von 2006.

Mähgut von der Königsbrunner Heide ausgebracht. Was sind und warum braucht man Ausgleichsflächen? In der heutigen Zeit und gerade in einer rasant wachsenden Kommune ist eine Planung der Flächennutzung sehr wichtig. Der Mensch braucht zum Leben nämlich nicht nur eine Wohnung oder ein Haus, einen Arbeitsplatz und eine Straße, die beides miteinander verbindet. Er braucht auch Raum um seine Freizeit an frischer Luft und in der freien Natur gestalten zu können, unversiegelte Böden um die Grundwasserneubildung (und damit die Trinkwasserversorgung) sicherzustellen und vieles mehr. Wird nun ein neues Baugebiet ausgewiesen, müssen die Eingriffe in Natur und Landschaft „ausgeglichen" werden. Dies bedeutet, dass ökologisch geringwertige Flächen verbessert werden müssen, um z. B. für die Versiegelung von Boden oder die Zerstörung eines hochwertigen Lebensraumes einen Ausgleich zu schaffen.

Kinder auf der Magerwiese.

Die wertvollen und gefährdeten Arten der Lechheiden, Schneeheide-Kiefernwälder und Ackerwildkrautflora sind

Heideröschen.

historische Hinterlassenschaften spezifischer Nutzungen (Schafbeweidung, extensive Ackernutzung), zu deren Erhaltung wir heute als Zeugnis unserer Kulturgeschichte eine Verpflichtung

Ein Frühlingsbote: Das Fingerkraut.

haben. Der große Einfluss der Nutzung auf die Fauna und Flora kann am Beispiel der Königsbrunner Heide sehr deutlich dargestellt werden. Noch vor etwas mehr als 100 Jahren, zur Zeit

Während die Küchenschelle bereits verblüht ist und Fruchtstände gebildet hat, ...

einer mäßig intensiven Schafbeweidung fehlte die Sumpfgladiole in diesem Bereich fast völlig. In den letzten annähernd 45 Jahren hat sich die Sumpfgladiole aufgrund der veränderten Nutzung (Wegfall der Schafbeweidung, Mahd) sehr stark ausbreiten können.

Auch aus den aktuellen und zukünftigen Nutzungen (Fohlenau I und II, Erholungsnutzung, Naturschutz, Siedlungsentwicklung etc.) ergeben sich neue positive wie negative Entwicklungen der Tier- und Pflanzenwelt. Teile der heute so geschätzten Naturräume werden aus heutiger Sicht und

realistisch betrachtet für unsere Kinder und Enkel nicht zu erhalten sein. Dabei handelt es sich vorwiegend um die flussnahen, von der Dynamik des Lech und vom Einfluss des Grundwassers abhängigen Auwälder. Andere Lebensräume können wohl durch geeignete Maßnahmen konserviert werden. Immer müssen jedoch die unterschiedlichen Nutzungsansprüche miteinander in Einklang gebracht und Kompromisse geschlossen werden. Die Aufgabe der Stadt Königsbrunn und ihrer Bürger ist es, verantwortungsvoll an einem guten Miteinander von Menschen, Tieren und Pflanzen im Lebensraum Lechtal zu arbeiten.

... kommt Ende April das Kleine Knabenkraut hervor.

Das Mithraeum

von Rainer Linke und Siglinde Matysik

Der Mithraskult

Der Mithraismus war ein Mysterienkult, der um ein Geheimnis kreiste, das nur Eingeweihten enthüllt wurde. Er war nur dem männlichen Geschlecht zugänglich; Frauen waren strikt ausgeschlossen. Jedes neue Mitglied wurde beim Eintritt getauft und zum strengsten Stillschweigen verpflichtet. Deshalb gibt es von den Anhängern selbst keine schriftlichen Zeugnisse über die Inhalte und Ausübung dieser Religion. Man ist daher auf die Beschreibung außen stehender Chronisten und die bildlichen Darstellungen angewiesen. Im Mittelpunkt der Verehrung stand der Gott Mithras, der den Beinamen Kosmokrator (Beherrscher des Kosmos) bzw. Sol invictus (unbesiegter Sonnengott) trug. Noch heute wird seine Gestalt von einem Teil der Wissenschaftler mit dem persischen Licht- und Bündnisgott Mithra gleich gesetzt. Es gibt jedoch im römischen Mithras-Glauben wesentliche Merkmale, die in der altpersischen Mythologie um Gott Mithra fehlen, wie z. B. Weihegrade, höhenartige Tempel, Betonung der Astronomie, Geheimhaltung und die Stiertötung. Der Mithraskult entstand vermutlich aufgrund einer astronomischen Erkenntnis in Tarsos / Kleinasien: Der griechische Astronom Hipparch fand um 128 v. Chr. durch Beobachtungen heraus, dass die Fixsternsphäre nicht unverrückbar fest ist, sondern sich langsam verschiebt. Er berechnete, dass sich die Frühjahrs-Tagundnachtgleiche, die zu seiner Zeit im Sternbild Widder stand, ca. 2000 Jahre vorher im Sternbild Stier befunden haben muss. (Wir leben heute im Zeichen der Fische und gehen in ca. 200 Jahren in die Ära Wassermann über.). Diese neu entdeckte Naturkraft schrieb man einem mächtigen Gott zu, der offenbar das gesamte Weltall lenkte und für den Untergang des Stierzeitalters (symbolisiert durch die Stiertötung) verantwortlich war. Man entwickelte nun eine Legende um den Gott Mithras. Er sollte zur Welt gekommen sein, um die Menschheit vor dem Bösen, das in Form eines weißen Stiers dargestellt war, zu bewahren. Nach der Wintersonnenwende, dem dunkelsten Tag des Jahres, wurde traditionell in der Nacht vom 24. auf den 25. Dezember die Geburt des Lichtes gefeiert. Deshalb sollte auch Mithras in einer Höhle (als Symbol für den Kosmos) am 25. Dezember nackt aus einem Felsen gewachsen sein, beobachtet von den Sternen und den Hirten auf dem Feld, die als Geschenke die Erstlinge ihrer Herden und Feldfrüchte brachten. Er hatte die Aufgabe, den weißen Stier zu verfolgen, einzufangen und zu töten. Man sieht auf Abbildungen, wie er den Stier an den Hinterläufen über der Schulter in seine Höhe schleppt, um ihn zur Erneuerung der Welt zu opfern.

Dort hält er ein kultisches Mahl mit dem Sonnengott Sol. Sie trinken das Blut und essen das Fleisch des getöteten Tieres. Im Anschluss daran fährt Mithras mit Sol im Himmelwagen in die ewige Glückseeligkeit auf. Von dort sollte er eines Tages wiederkommen, die Toten auferwecken und ein Gericht abhalten. Die Tugendhaften durften zu ihm ins Paradies, die Menschen, die ein sündiges Leben geführt hatten, mussten in die ewige Verdammnis. Es handelt sich hier also um eine Erlöserreligion.

Die Mithras-Denkmäler

Das Hauptmotiv auf den Mithras-Denkmälern ist die Stiertötungsszene. Der Gott im Mittelpunkt, auf einem Stier kniend, wird als jugendlicher Held dargestellt, er trägt persische Tracht mit einer phrygischen Mütze, dazu einen wehenden Umhang, der als Zeichen des Weltenbeherrschers mit Sternen übersät ist. In dem Moment, wenn er den Dolch in den Stier hineinstößt, wachsen aus dem Schwanz des Tieres reife Ähren als Symbol für die neu erwachende Schöpfung. Links und rechts von Mithras stehen seine Begleiter, Cautes mit der erhobenen Fackel für die Frühjahrs-Tagundnachtgleiche, Cautopates mit gesenkter Fackel für die Herbst-Tagundnachtgleiche. Außerdem sind noch Schlange, Hund, Rabe, Skorpion, manchmal auch Kelch

Kultbild mit der Szene einer Stiertötung (Original in Mauls/Südtirol).

und Löwe abgebildet. Sie stellen nach dem Religionshistoriker David Ulansey die astronomische Konstellation dar, die vorlag, als sich der Frühlingspunkt im Sternbild Taurus (Stier) befand.

Um die Zeitenwende nahm man im Mithraskult die platonische Lehre von der Seelenwanderung in abgewandelter Form auf. Dazu gab man sich sieben Sakramente oder Weihegrade, die den sieben damals bekannten Planeten Merkur, Venus, Mars, Jupiter, Saturn, Sonne und Mond zugeordnet waren für die Reise der Seele durch die Planetensphären zu den Fixsternen.

Die sieben Weihegrade (Nachbildung von Ostia).

Diese Initiationsstufen konnten die Gläubigen durch Mutproben oder Prüfungen emporsteigen. Angehörige der unteren drei Weihegrade durften nur niedrige Dienste in der Männer-Gemeinschaft verrichten. Erst mit dem Erreichen des vierten Sakraments Leo wurde man vollwertiges Mitglied und durfte an den Gottesdiensten im Hauptraum des Mithraeums teilnehmen. Ein Inhaber des obersten Weihegrades Pater leitete eine Gemeinde, die höchstens 30 bis 40 Männer umfasste. Ansonsten waren die Mysten, die sich Brüder nannten, gleichgestellt, egal ob Sklave oder Herr.

Kultraum bei Fackelschein.

Über die religiöse Praxis ist ebenfalls wenig bekannt. Man zelebrierte täglich Gottesdienste, diese Zeremonien fanden jedoch nicht öffentlich statt. Der Priester soll in dem dunklen Kultraum mit sehr viel Feuerzauber, Lichteffekten und Magie bei Weihrauchnebel gearbeitet haben. Zur Erinnerung an die Stiertötung wurde ein heiliges Mahl mit Fleisch oder Brot, Wasser oder Wein abgehalten. Als Sonnengott wurde Mithras am ersten und wichtigsten Tag der Woche, dem Sonntag, angebetet. Im Übrigen geht die Einteilung der Woche in sieben Tage, verbunden mit einem Planetennamen, auf die Mithras-Anhänger zurück.

Nachgestellte Opferzeremonie.

Die höchste Ausbreitung fand der Mithraskult, der als Wegbereiter des Christentums gilt, im 3. Jh. n. Chr., als Kaiser Aurelianus Mithras zum Staatsgott erhob. Dies änderte sich unter Kaiser Konstantin I., der aufgrund eines Gelübdes das Christentum mit einem Toleranzedikt 313 unter Schutz stellte und den Christen regen Zulauf bescherte. Kaiser Theodosius I. erklärte schließlich 391 das Christentum zur Staatsreligion und verbot gleichzeitig die Ausübung sämtlicher anderer Religionen. Als Folge davon ging die Mithras-Verehrung innerhalb kürzester Zeit unter.

Die Grabung

Im Jahr 1977 wurden bei der Anlage des Städtischen Friedhofs in Königsbrunn Reste von acht römischen Steingebäuden durch das Bayerische Landesamt für Denkmalpflege ausgegraben. In der damaligen Zeit vertrat man die Meinung, dass die Römer hier während ihrer Okkupationszeit eine villa rustica (römischer Gutshof) errichtet hätten. Heute spricht man aber von einer Straßenstation, der letzten vor Augsburg, oder sogar von einem vicus (römisches Dorf). Bei der Freilegung des Befundes Nr. 5 konnten im Mittelraum 98 römische Münzen, aus heutiger und damaliger Sicht von geringem Wert, aus dem Tuffsand und dem römischen Bauschutt gesichert werden.

Grabungsbild vom Bayer. Landesamt für Denkmalpflege, 1977.

Heute wissen wir, dass es sich hier um Opfergeld handelte, welches dem römischen Gott während der Kulthandlungen gespendet wurde. Die Bedeutung dieses Gebäudes war den Wissenschaftlern damals noch nicht bewusst und so beschloss man nach vollendeter Grabung, alle Befunde wieder mit Erde zuzuschütten. Erst Anfang der 90er Jahre erkannte der Augsburger Stadtarchäologe und Direktor des Römischen Museums Lothar Bakker an Hand von Vergleichsfunden, dass es sich bei dem Gebäude Nr. 5 im Städtischen Friedhof Königsbrunn um ein Mithras-Heiligtum handelt. 1998 machte dann der Leiter der Dienststelle Schwaben des Bayerischen Landesamts für Denkmalpflege Wolfgang Czysz die Stadt Königsbrunn darauf aufmerksam, dass er gut wäre, dieses ehemalige römische Kulthaus nochmals auszugraben, da es sich um das einzig noch erhaltene in der früheren römischen Provinz Raetien handelt. Der Arbeitskreis für Vor- und Frühgeschichte unter der Leitung von Rainer Linke

Ortstermin des Bauausschusses der Stadt Königsbrunn.

begann sofort mit der nochmaligen Ausgrabung des Befundes. Je mehr Reste der Tuffsteinfundamentierung freigelegt wurden, umso schlechter war jedoch der Erhaltungszustand, da 1977 ein Bagger mit kleiner Reichweite die Fundamente zugeschüttet und so die Mauern stark beschädigt hatte. So tauchte nun die Frage auf: Ist es gerechtfertigt, über die Tuffsteinreste einen teuren Schutzbau zu setzen? Um diese Frage zu beantworten, lud die Stadt Königsbrunn führende Archäologen ein, allesamt Experten in Sachen Mithras-Kult, die sich an Ort und Stelle mit diesem Problem beschäftigten. Sie kamen einstimmig zu der Meinung, dass ein musealer Schutzbau berechtigt ist, da dieses Heiligtum einzigartig in ganz Bayern ist und somit ein römisches Zeugnis des Mithras-Kultes in unserem Raum der Nachwelt erhalten werden kann.

Der Schutzbau

Nach dem Beschluss des Königsbrunner Stadtrates, die entsprechenden Kosten für den Schutzbau zu übernehmen und dank großzügiger Spenden von verschiedenen Institutionen, konnte noch im Oktober 2001 mit den Bauarbeiten begonnen werden. Gisela Mahnkopf, Kreisheimatpflegerin für Archäologie im Landkreis Augsburg und gleichzeitig Mitglied des Arbeitskreises für Vor- und Frühgeschichte, übernahm Planung und Bauleitung des Schutzbaus. So entstand ein Gebäude, der sich harmonisch in die Anlage des Städtischen Friedhofs einfügt und in keiner Weise die Idylle dieses

Der Schutzbau über dem Heiligtum.

wurden auf den Tuffsteinfundamenten mit ca. 30 bis 40 cm Höhe die Außenwände in Holzfachwerk erstellt. Auch das Dach bestand vermutlich aus Holzschindeln, da bei den Ausgrabungen keine Dachziegelreste gefunden wurden. Das Gebäude konnte in römischer Zeit über eine ca. 130 kg schwere Tuffsteinschwelle betreten werden. Eine zweiflügelige Tür, die nach innen aufging, verwehrte ungebetenen Gästen den Zutritt. War diese jedoch offen, so

Ortes stört. Durch die hervorragende, gebrochene Steinfassade mit kleinen schmalen Lichtöffnungen wird den Besuchern der Eindruck vermittelt, dass sich im Innern ein bedeutendes archäologisches Boden- oder Baudenkmal verbirgt. Gleichzeitig wurde mit neuzeitlichen Mitteln der Höhlencharakter des Mithraeums gewahrt. Am 13. Dezember 2001 erfolgte bei strengstem Frost das Richtfest, am 25. Oktober 2002 fand in Anwesenheit von Bürgermeister Ludwig Fröhlich, Landrat Dr. Karl Vogele, Landeskonservator Dr. Sebastian Sommer und Dr. Wolfgang Czysz die Eröffnungsfeier statt.

Modell des römischen Heiligtums, wie es ausgesehen haben könnte.

Das Heiligtum

Derartige Bauten waren keine imposanten Tempel, sondern grundsätzlich kleine Gebäude für ca. 30 bis 40 Anhänger. Mithraeen waren mit wenigen Lichtöffnungen versehen und mit einem Gewölbe ausgestattet, da der Gott Mithras der Legende nach in einer Höhle zur Welt kam. In Königsbrunn

gelangte man zunächst in einen kleinen Vorraum. Ging man weiter gerade aus, so war es möglich, durch eine weitere Öffnung in das nächste kleine Zimmer zu treten, in dem wahrscheinlich die Opfergefäße und Geräte für den Gottesdienst abgestellt waren und wo sich der Priester zurecht machte. Heute würden wir dazu Sakristei sagen. Wenden wir uns im Vorraum nach Westen, so betreten wir den Mittelraum, cella genannt, in der der

Pastor die Kulthandlungen vornahm. Typisch für das Mithras-Heiligtum ist die Dreiteilung des Hauptraumes mit der cella (9,8 mal 9,1 Meter) und den links und rechts angrenzenden Podien, auf denen die Anhänger dem Gottesdienst in liegender Stellung beiwohnten. Die Bodenkonstruktion bestand aus Holz bestehendes Bild im Laufe der Jahrhunderte zugrunde gegangen wäre. Im Schutzbau wurde an der westlichen Wand die Kopie einer Mithras-Darstellung angebracht. Die Stadt Königsbrunn erhielt dank der Vermittlung durch Wolfgang Czysz vom Institut für Klassische Archäologie der Leopold Franzens Universität Innsbruck diese hervorragend gearbeitete Replik. Das Original wurde in der Nähe von Sterzing/Südtirol gefunden und ist heute im Archäologischen Museum in Bozen aufgestellt, in welchem auch der Ötzi seine vorläufig letzte Ruhe fand.

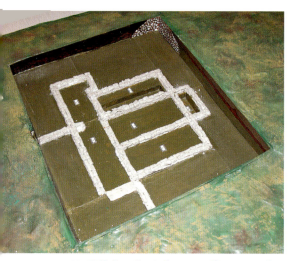

Modell der römischen Fundamente des Mithraeums.

aus Kalk und Mörtel und war teilweise ausgebrochen, was auf einen Umbau in der damaligen Zeit deuten könnte. Die Archäologen fanden bei der ersten und auch bei der zweiten Grabung noch bemalte Verputzreste, die auf eine farbige Gestaltung der Innenwände schließen lassen. Vor der im Westen anschließenden Apsis befand sich das am Boden liegende Opfergeld. Zwischen cella und Apsis hing vermutlich ein Kultbild, ob in Holz- oder Steinausführung kann nicht mehr geklärt werden, da bei der Ausgrabung nichts dergleichen gefunden wurde und ein

Literarischer Abend im Schutzbau mit Renate Bernhard-Koppenberger in römischer Kleidung.

Das Mithraeum

Die Brunnen

von Veronika Hauschka

Ein kümmerlicher Kiesboden, scheinbar unbebaubar. Zunächst hätte sich wohl kein Mensch an die Bebauung des Lechfeldes herangewagt. Ohne Brunnen – und ohne das darin enthaltene Wasser – hätte Königsbrunn seinen Namen nicht erhalten und, weiter gedacht, wahrscheinlich niemals existiert.

Am Anfang war die Ödnis

Zwei Straßen zogen sich durch das Land, die Via Claudia Augusta von Römerhand erbaut und die Straße des Hochstifts Augsburg aus dem Mittelalter. Dort, wo sich die beiden Straßen treffen, errichtete man 1688 auf Geheiß des damaligen Bischofs eine Zollstation. Bald darauf entstand der „Mittlere Lechwirt" – später „Neuhaus" – und wurde von Händlern und Pilgern als Rast- und Ruhestätte gerne genutzt. Die wohlständigen Wirtsleute Johann Georg und Rosina Sedelmayr stifteten 1734 die Sankt-Nepomuk-Kapelle. Bis ins 19. Jahrhundert gab es keine weiteren Gebäude zwischen Haunstetten und Klosterlechfeld. Der Antrag zur Errichtung von drei Brunnen ging 1833 von einem der „Landbaubureaus" unter König Ludwig I. von Bayern aus. Der älteste und sicherste Hinweis hierfür

Postkarte mit der Gastwirtschaft „Zum Neuhaus" und der Nepomukkapelle, um 1930.

stammt aus dem Jahr 1840. Der damals in Schwabmünchen amtierende Rentamtmann Geiger schrieb in einem Bericht an die Regierung unter anderem folgendes: „Diese Kolonie, im Jahre 1837 nicht mehr als vier Wohnhäuser zählend, die auf einer vom Staat erkauften Lechfeldwiese erbaut wurden, und weil zu diesen Bauten das Wasser aus einem an der Poststraße durch das königliche Bureau erbauten Brunnen

Historischer Königsbrunnen, wieder entdeckt 1983.

benutzt wurde, woher der Name Königsbrunn „gefasst sein soll", zählt jetzt nach der kurzen Zeit von 3 Jahren gegen 60 gesonderte ländliche Anwesen und Familien." Drei Brunnen wurden errichtet, zwei davon im heutigen Ortsbereich, in der Haunstetter Straße 98 und der Landsbergerstraße 118, zusätzlich einer in Oberottmarshausen.

Auch Josef Wagner, erster exponierter Kaplan zu Königsbrunn, gibt 1851 Hinweise in seinem „Historischen(n) Be-

richt über die Kolonie Königsbrunn auf dem Lechfeld bei Augsburg". Er schreibt: „Die Kolonie Königsbrunn führt ihren Namen von einem Brunnen der auf Befehl seiner Majestät des Königs Ludwig wenige Jahre vor Gründung der Kolonie ... zwischen dem Pfarrdorf Haunstetten und dem so genannten Neuhause ... gegraben wurde, damit die Reisenden in der menschenleeren Ödung während der heißen Sommertage sich einen kühlenden Labtrunk verschaffen können. Zwischen Neuhaus und dem Dorfe Lechfeld befindet sich fürderhin ein ähnlicher Brunnen, der ohne Zweifel derselben Veranlassung ... seine Entstehung verdankte. ... Schon von Anfang an wusste sich die Benennung – Königsbrunn – Geltung zu verschaffen." Mit dem Bau der Brunnen kamen die Siedler. 1836 warb Schreinermeister Wiedemann aus Diedorf dem Rentamtmann Geiger Grundstücke im Norden Königsbrunns ab und baute die ersten drei Häuser, die Grundsteine der Siedlung Königsbrunn.

16 Brunnen zieren derzeit das Königsbrunner Stadtbild. Zwölf davon sind in städtischem Besitz, vier stammen von privater Hand. Deren Standorte ziehen sich durch die gesamte Stadt, von der Hunnenstraße im Norden bis zum Eichenplatz im Süden und vom Martin-Luther-Haus in der gleichnamigen Straße im Westen bis hin zum Sonderschulzentrum in der Karwendelstraße im Osten. Auf dem abgebildeten Stadtplan Königsbrunns sind alle Brunnen eingezeichnet. Die Standortnummerie-

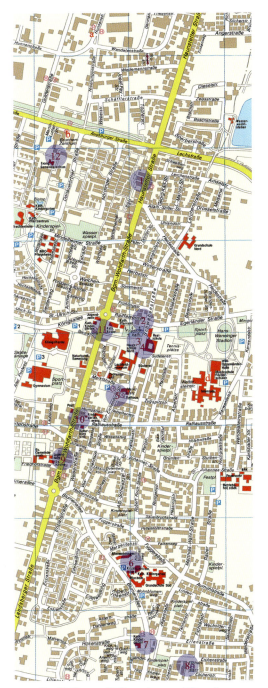

Stadtplan mit den eingezeichneten Brunnen.

rung – angefangen beim Historischen Brunnen in der Haunstetter Straße – ist nur eine von vielen Möglichkeiten, die Stadt mit Hilfe der Brunnen zu entdecken. Die Brunnen in privatem Besitz wurden aus Gründen der Vollständigkeit alphabetisch mit eingezeichnet, wurden jedoch bei der Beschreibung außen vor gelassen.

Historischer Königsbrunnen, Haunstetter Straße 98

Er gehört zu den Brunnen, die unter König Ludwig I. erbaut wurden. Der ursprüngliche Brunnen war nur ein „Loch im Boden". 1983 wurde ein Teil des Brunnenschachtes wieder freigelegt und der ursprüngliche Brunnen von 1833 durch ein Gemäuer und eine Überdachung zu einem „Springbrun-

Einweihung des historischen Königsbrunnen beim 1. Brunnenfest 1984.

nen" erweitert. Im Folgejahr weihte unter anderem der amtierende Bürgermeister Adam Metzner den Brunnen beim ersten Brunnenfest feierlich ein.

Die Brunnen

Josefsbrunnen, Raiffeisenstraße

Im Juli 2005 wurde das von Christian Angerbauer geschaffene Werk einge-

Josefsbrunnen an der Raiffeisenstraße.

weiht. Der Heilige Josef, nach christlichem Glauben Marias Ehemann und Ziehvater von Jesus Christus – ganz in weiß. Die Königlich-Bayerische-Josefs-Partei hatte ihn feierlich der Stadt übergeben. Er soll Spaziergängern und Passanten ein Ort der Ruhe und Rast sein.

Taubenmariebrunnen, Schwabenstraße 35

Mitte der 60er Jahre machte sich die Stadt Königsbrunn an die Gestaltung des Marktplatzes und den Neubau des Rathauses. Aus diesem Grunde musste der Brunnen, der von Bildhauer Sepp Marstaller gestaltet wurde, 1966 an seinen derzeitigen Platz in die Schwabenstraße versetzt werden. Etwa 46.000 Euro hatten nach Angabe der Augsburger Allgemeine Zeitung die Gesamtkosten zur Gestaltung des Marktplatzes betragen. Abgebildet ist eine Frau, die, aufrecht und anmutig auf einem Sockel stehend, in der linken Hand eine Taube hält.

Taubenmariebrunnen an der Schwabenstraße.

Brunnenfigur, Schwabenstraße 35 (im Innenhof der Realschule)

Die von Künstler Paul Lindner gestaltete Brunnenanlage zeigt einen auf einem Stein sitzenden Jungen, in seinen ausgestreckten Händen hält er ebenfalls eine Taube. 1967 wurde sie durch amtierenden Bürgermeister Friedrich Wohlfarth anlässlich der Einweihung der Realschule mitgeweiht.

Brunnenfigur im Innenhof der Realschule, 1970.

Königinnenbrunnen, Marktplatz 7 (am Rathaus)

Die französische Königin Anna Jaroslawna von Kiew aus dem 11. Jahrhundert ist hier als Skulptur verewigt. Sie war als dritte Ehefrau Heinrichs I. von 1051 bis 1060 Königin von Frankreich und galt für ihre Zeit als eine sehr gebildete Frau von besonderer Schönheit. Gregor Kruk ist Künstler der Brunnenanlage, die 1985 durch Bürgermeister Adam Metzner und Pfarrer Rupert Ritzer (heute Geistlicher Rat und Ehrenbürger der Stadt Königsbrunn) eingeweiht wurde.

St. Afra-Brunnen, Blumenallee 27 (vor der Kirche „Zur Göttlichen Vorsehung")

Der damalige Mesner Meier erklärte das schlichte Erscheinungsbild des Brunnens: Für den Künstler sei es wichtig gewesen, die Darstellung eines einfachen Dorfbrunnens ohne Figur zu schaffen. Eine bloße Schale mit Wasser sollte Gegenstück zum säulenartigen Brunnen an der Kirche St. Ulrich sein. 1978 wurde der Brunnen anlässlich der Einweihung der Altenwohnanlage St. Ulrichs-Werk durch Bischof Dr. Josef Stimpfle eingeweiht.

Taubenbrunnen, Blumenallee 80 (vor dem Kindergarten St. Elisabeth)

Zur Einweihung des Kindergartens 1993 wurde der Brunnen in der Folgezeit erbaut. Zu sehen ist ein großer hinkelsteinartiger Fels, der in der Außenanlage des katholischen Kindergartens steht. Aus dessen Spitze, die

Königinnenbrunnen vor dem Rathaus.

Taubenbrunnen
beim Kindergarten St. Elisabeth.

von mehreren Tauben geziert wird, sprudelt das Wasser unbekümmert heraus.

Afrabrunnen, Eichenplatz
Anlässlich der Stadterhebung Königsbrunns 1967 wurde der Brunnen durch den Gemeinderat und Kulturreferenten Heinrich Mayr eingeweiht. Künstler der Plastik ist Bildhauer Paul Lindner. Dargestellt ist die Heilige Afra von Augsburg († 304 in Friedberg), eine frühchristliche Märtyrerin im heutigen Bayern. Bischof Narzissus soll bei einer Christenverfolgung bei der Dirne Schutz gesucht und sie mit dem Glauben vertraut gemacht haben. Afra ist zum Christentum übergetreten und getauft worden. Ihr neuer Glaube blieb nicht verborgen, weswegen sie dem Richter vorgeführt wurde. Afra stand dort zu ihrer neuen religiösen Überzeugung und wurde zum Tode verurteilt. 1064 wurde sie heilig gesprochen.

Afrabrunnen am Eichenplatz.

**St.-Johannes-Brunnen,
Bgm.-Wohlfarth-Straße 96
(vor der Kirche St. Johannes)**
Theo und Christoph Bechteler schufen dieses Kunstwerk 1983. Johannes der Täufer steht am Jordan, predigt Buße und Umkehr. Der erhobene Zeigefinger ist nicht nur Mahnung, sondern deutet auch auf die Taube hin, Zeichen des Heiligen Geistes, der in Erscheinung tritt, als Jesus durch Johannes getauft

wurde. Ein goldener Bogen erinnert an den Regenbogen, Symbol für den Bund Gottes mit den Menschen.

St.-Johannes-Brunnen
vor der Kirche St. Johannes.

St.-Johannes-Brunnen (Detail).

**Brunnen „Spielende Kinder",
Bgm.-Wohlfarth-Straße 79 (beim Kino)**
Eva Maria Steimle war Künstlerin der Plastik gegenüber des Königsbrunner Kinos „Cineplex" (ehemals „Hollyworld Movieplex"). Zu sehen sind drei Jungen mit Schulranzen, die über Felsen auf der Brunnenanlage hüpfen und springen. Der Brunnen soll einen Weg zur Schule darstellen. 2001 weihte Bürgermeister Ludwig Fröhlich den Brunnen ein.

Der Brunnen „Spielende Kinder" auf dem Europaplatz beim Kino.

**St.-Ulrich-Brunnen,
Bgm.-Wohlfarth-Straße 41
(vor der Kirche St. Ulrich)**
Eine große Säule mit vier Tafeln ziert den Platz um die katholische Kirche St. Ulrich, die 1978 eingeweiht wurde. Zwei Jahre später wurde der Brunnen in seinen Einzelteilen im städtischen Bauhof gelagert, da das Pfarrzentrum St. Ulrich, das 1982 eingeweiht wurde, gebaut worden ist. Im Anschluss wurde der Brunnen wieder an seinen ur-

Die Brunnen

sprünglichen Platz zurückgestellt. Die vier Tafeln geben Auskunft über wichtige Eckdaten der Stadt und zeigen eine Abbildung des heiligen Ulrich, der von 923 bis 973 Bischof von Augsburg war.

St.-Ulrich-Brunnen vor der Kirche St. Ulrich.

Melanchton-Brunnen, Martin-Luther-Straße 1 (vor dem Martin-Luther-Haus)
Für den Brunnen stand der Reformator Melanchton, ein Zeitgenosse Martin Luthers, Pate. Er war Philologe, Philosoph, Humanist, Theologe, Lehrbuchautor, neulateinischer Dichter und wurde als „Praeceptor Germaniae" (Lehrer Deutschlands) bekannt. Neben Martin Luther war er treibende Kraft der deutschen und europäischen kirchenpolitischen Reformation. Durch

Melanchton-Brunnen vor dem Martin-Luther-Haus, um 1984.

das abstrakt blütenartig angelegte Werk sollte der Vorplatz des Martin-Luther-Hauses aufgelockert werden. Auch eine theologische Beziehung kann der Brunnen vorweisen: Das Wasser als uraltes christliches Symbol läuft nach vier Seiten, also in Kreuzform, ab. 1982 wurde er von Pfarrer Reinhard Wild eingeweiht.

Private Brunnenanlagen
„Quader-Brunnen"
   vor dem Baugeschäft Fa. Dumberger
   (Hunnenstraße 20)
„mehrstöckiger"
   Brunnen im Brunnenzentrum
   Fa. Dumberger (Augsburgerstraße 27)
„Sprudelnde Weltkugel"
   der Kreissparkasse Königsbrunn
   (Marktstraße 3)
„Pavillon-Brunnen"
   im Sonderschulzentrum
   (Karwendelstraße 4)

Brunnen und Krone im Stadtwappen

„In Rot über einem aus dem unteren Schildrand aufwachsenden silbernen Ziehbrunnen schwebend eine goldene Königskrone" – so lautet die Beschreibung des aktuellen Königsbrunner Wappens. Am 8. Juli 1958 wurde der Augsburger Hermann Korhammer vom Gemeinderat Königsbrunn beauftragt, Entwürfe für ein neues Ortswappen und eine Fahne anzufertigen. Diese fanden bei Oberregierungsarchivrat Dr. Stadler von der

Entwurfszeichnung des Ortswappen für die Gemeinde Königsbrunn von Hermann Korhammer, 1958.

Generaldirektion der staatlichen Archive Bayerns in seiner künstlerischen und heraldischen Wirkung großen Gefallen und wurden am 27. Januar 1959 vom Bayerischen Staatsministerium genehmigt. Seitdem wird das Wappen auch im Dienstsiegel der Stadt mit der Beschrift „Bayern*Gemeinde*Königsbrunn" geführt. Der Orts- und Gemeindenamen ließ in dem vorliegenden Fall die Verwendung „redender Zeichen" im neuen Gemeindewappen zu: Brunnen und Krone.
Diese weisen auf die Entstehungsgeschichte der Stadt hin. Dr. Stadler schrieb in einem Brief an die Gemeindeverwaltung Königsbrunn: „Dem Zeichner ist es gelungen, nach dem Vorschlag des unterzeichneten ein heraldisch und künstlerisch sehr ansprechendes Wappen zu gestalten. Der Brunnen zeigt die alte Form des Ziehbrunnens, die Krone (hat) das Aussehen der ehemaligen bayerischen Königskrone. Die Hauptfarben Silber (Weiß) und Rot des gemeindlichen Hoheitszeichens lehnen sich an die Banner- und

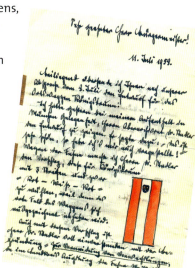

Schreiben vom 11. Juli 1958 von Hermann Korhammer an den Bürgermeister der Gemeinde Königsbrunn.

Wappenfarben des alten Hochstifts Augsburg an, zu dessen Territorium einst die Gegend gehörte."
Für die Gemeindefahne wurden die Farben Rot-Weiß-Rot ausgewählt, um Verwechslungen mit Fahnen anderer Gemeinden im Landkreis Augsburg in den zwei Farben Rot und Weiß zu vermeiden.

Entwurfszeichnung für das Dienstsiegel der Gemeinde Königsbrunn von Hermann Korhammer, 1958.

Die Brunnen

Die Kirche Sankt Ulrich

von Susanne Lorenz

Durch königliche Verfügung vom 4. Januar 1842 wurde die Kolonie Königsbrunn zur selbständigen Gemeinde erhoben. Die Seelsorge für die dort lebende katholische Bevölkerung erfolgte zunächst durch den Pfarrer von Bobingen. Bereits im Dezember 1846 wurde eine auswärtige Kaplanei der Pfarrei Bobingen in Königsbrunn genehmigt. Als erster Kaplan wirkte hier Josef Wagner in den Jahren 1847 bis 1849. Als Kirche diente ein Ökonomiegebäude des Schulhauses. Wegen des schlechten baulichen Zustands wandte sich Kaplan Wagner mit folgenden Worten an das Landgericht: „Bekanntlich hat das zum Gotteshaus bestimmte Local nur die vier Wände und das Dach. Winde, Schnee- und Regengestöber haben ziemlich freien Spielraum und üben begreiflicherweise eine nicht vorteilhafte Einwirkung auf die Gesundheit aus." Das Gebäude wurde notdürftig renoviert und für alle Verantwortlichen war klar, dass dies nur eine Notlösung sein konnte.

Katholische Kirche St. Ulrich mit Pfarrheim und im Hintergrund die Friedhofskapelle mit Friedhof, um 2004.

Im Mai 1847 fand der Lokaltermin für die Festlegung der Baustellen für die Kirche und das Pfarrhaus statt. Östlich der Hauptstraße sollte die Kirche mit Friedhof und westlich der Straße das Pfarrhaus entstehen. Seit der Gründung der Kolonie Königsbrunn mussten die Verstorbenen in Bobingen beerdigt werden. Für die katholische Bevölkerung fielen hohe Beerdigungskosten an, da sowohl für den Pfarrer von Bobingen als auch für den Königsbrunner Kaplan Gebühren zu entrichten waren. Außerdem wurden Überführungsgebühren erhoben, da die wenigsten ein eigenes Fuhrwerk besaßen. Deswegen beantragte Kaplan Wagner auch die „beschleunigte Herstellung eines Gottesackers". Im August 1850 erteilte das Landgericht schließlich die Baugenehmigung für den Friedhof. Kaplan Damian Jacob (1849–1852), der Nachfolger von Kaplan Wagner, weihte im Dezember 1850 den mit einer provisorischen Mauer angelegten Friedhof.

Die ersten Pläne und Kostenvoranschläge für Kirche und Pfarrhaus des Bau-Conducteurs von Langenmantel lehnte die Regierung von Schwaben und Neuburg als zu teuer ab. Erst im September 1852 wurde nach langen Verhandlungen dem Bauingenieur Lorenz Hoffmann die Gesamtplanung übertragen. Ein knappes Jahr später legte dieser seine Pläne vor, die allgemeine Zustimmung fanden. Die Planungen sahen für die Kirche Kosten in Höhe von 30400 Gulden und für das Pfarrhaus in Höhe von 6400 Gulden vor. Im Sommer 1854 wurde mit dem Bau des Pfarrhauses begonnen. Den Auftrag erhielt der Zimmermeister Josef Kroen aus Schwabmünchen. Für den Kirchenbau fehlten weiterhin die Mittel.

Zwischenzeitlich wurde als dritter Kaplan Balthasar Martin (1852–1853) berufen, dem zum Jahreswechsel sein Bruder Caspar nachfolgte. Kaplan Caspar Martin, von 1854 bis 1855 in Königsbrunn, schlug dem Landgericht Schwabmünchen vor, die Kirche in Königsbrunn zum Gedenken an die Ungarnschlacht auf dem Lechfeld am 10. August 955 zu errichten. Die Anregung wurde mit großem Interesse aufgenommen. Aufgrund einer königlichen Stiftung von 12000 Gulden und weiterer Spenden aus öffentlichen Kassen sowie mit Hilfe privater Wohltäter konnte die Regierung Mitte Juli 1855 die Genehmigung zum Kirchenbau erteilen. Das Domkapitel beschloss, die Kirche dem heiligen Ulrich zu weihen. Der seit 1. Februar 1855 als fünfter Kaplan tätige Wilhelm Glatzmeyer zog wenige Tage vor der Grundsteinlegung in das fertiggestellte Pfarrhaus.

Mit der Grundsteinlegung für die Kirche St. Ulrich am 9. August 1855 erlebte die Gemeinde Königsbrunn den ersten Höhepunkt. Die Weberinnung Augsburg organisierte mit weiteren Vereinen und dem Landwehrregiment einen großen historischen Festzug von Augsburg nach Königsbrunn. Über 1000 Festgäste nahmen an der Grundsteinlegung teil. Die Feldmesse zelebrierte der Domkapitular Dr. Johann Stadler. Die Festansprache hielt der katholische Stadtpfarrer von Lindau und Mitglied des Landrats von Schwaben und Neuburg Josef Georg Dreer. In den Grundstein wurden zwei Steinplatten, die eine mit einem Plan der Kirche und die andere mit einer Inschrift über die Feier, sowie im Jahr 1855 geprägte bayerische Silbermünzen eingelegt. Die damals üblichen drei Hammerschläge nahm der Ehrengast aus der königlichen Familie und Oberst beim 4. Chevauleger-Regiment in Augsburg, Prinz Ludwig in Bayern, vor. Außerdem stiftete die Weberinnung, die einst wesentlich zum Sieg über die Ungarn bei der Schlacht im Jahr 955 beigetragen hatte, der auf 600 Katholiken angewachsenen Gemeinde den Weberkelch. Dieser ist mit den Heiligenfiguren Maria, Ulrich, Afra, Wilhelm, Michael und Wolfhard (Diözesanheiliger von Augsburg) sowie einer Gedenkinschrift geschmückt.

Kaplan Wilhelm Glatzmeyer begleitete mit viel Engagement die dreijährige Bauzeit der Kirche. Sie wurde im neugotischen Stil erbaut. Für die Außenfassade entschied sich Bauingenieur Hoffmann wegen der starken Witterungseinflüsse für Versetzsteine (Backstein) statt einem Außenputz. Den Auftrag für die Rohbauarbeiten erhielten der Maurermeister Max Treu und der Zimmermeister Jakob Mozet, beide aus Augsburg. Die Innenausstattung mit den drei Altären – Hochaltar, Marienaltar und Laurentiusaltar – und der Kanzel entstand ebenfalls im neu-

Innenansicht mit den drei Altären, 2005.

gotischen Stil. Besonders hervorzuheben sind die schlanken Fialen, die fein gegliederten Spitzentürmchen. Der

Der Marienaltar, 2005.

Bildhauer Ignaz Baader aus Krumbach fertigte die Altäre nach den Plänen des Münchner Architekten Schneider. Der Hochaltar zeigt die Kreuzigungsgruppe mit einer seltenen Darstellung des noch lebenden Christus, der mit erhobenem Haupt und offenen Augen jeden anschaut. Daneben stehen Maria und Johannes. In den beiden Außennischen sind die Bistumspatrone, der Hl. Ulrich und die Hl. Afra dargestellt. Der rechte Seitenaltar ist der Marienaltar. Links neben der Marienstatue steht der Hl. Georg, rechts der Hl. Abt Wilhelm (als Namenspatron des Kaplans Wilhelm Glatzmeyer). Die Mittelstatue im linken Seitenaltar stellt den Hl. Laurentius dar, dessen Namensfest am 10. August, dem Tag der Ungarnschlacht, gefeiert wird. Rechts daneben steht die Hl. Elisabeth von Thüringen und links der Hl. Bischof Hilarius, der 1851 zum Kirchenlehrer erhoben wurde. Das große Deckengemälde stammt von dem Historienmaler Ferdinand Wagner (1819–1881) und zeigt Szenen aus der Schlacht gegen die Ungarn. Im Vordergrund fleht der Hl. Ulrich mit betenden Menschen vor dem Augsburger Dom um göttliche Hilfe und der erhöhte Christus im Glorienschein ist umgeben von Engeln. Im düsteren Hintergrund ist das Schlachtfeld dargestellt. Einige der Personen haben Porträtcharakter: Der Priester mit dem Prozessionskreuz trägt die Züge von Kaplan Wilhelm Glatzmeyer, der damalige Gemeindevorsteher Luzian Luger ist der daneben knieende Mann mit Vollbart und der Kirchenpfleger Joseph Spöttel steht neben Glatzmeyer mit einem Kapuzen-

Das Deckengemälde „Die Ungarnschlacht 955 auf dem Lechfeld" von Ferdinand Wagner.

mantel. An den Wänden befinden sich die Nachbildungen der Blutenburger Apostelfiguren. Die Originale aus dem 15. Jahrhundert stehen in der Schlosskapelle St. Sigismund des Jagdschlosses Blutenburg in München. Den Auftrag für eine Orgel mit 13 Registern bekam Franz Zimmermann aus München. Wegen der großen Ausdehnung von Königsbrunn genehmigte die Regierung der Kirchengemeinde ein Geläut aus drei Glocken. Der Glockengießer Andreas Schmidt fertigte die Glocken in F-Dur an. Sie wurden auf die Namen Laurentius, Michael und Wilhelm geweiht. Zudem stiftete die Kirchenstiftung St. Ulrich und Afra die Ulrichsglocke.

Im Jahr 1857 wurde die Kaplanei Königsbrunn zu einem Kuratiebenefizium erhoben. Am 10. August 1858 weihte der Augsburger Bischof Michael von Deinlein das 32 Meter lange und 15,50 Meter breite Gotteshaus. Das Langhaus hat eine lichte Höhe von 9,50 Metern, der Glockenturm an der Westseite ist 36 Meter hoch. Zu der Einweihungsfeier war wieder Prinz Ludwig in Bayern als Ehrengast erschienen und die Festansprache hielt wiederum Josef Georg Dreer, nun Dompfarrer zu Augsburg. Die Augsburger Allgemeine Zeitung berichtete über die Einweihung: „Die Kirche selbst, in sehr einfachen Verhältnissen erbaut, gereicht der Gegend zur Zierde, und tritt man in das noch nicht durch Sitze beengte Innere, dessen ganze Ausschmückung durch freiwillige Beiträge zusammenkam, so ist der Eindruck ein äußerst freundlicher." Die katholische Bevölkerung musste für die Herstellung des Pfarrhauses und der Kirche Hand- und Spanndienste erbringen. In den schweren Anfangsjahren der Kolonisten war dieser Dienst oft nur schwer zu leisten. Es fehlte besonders an den nötigen Fuhrwerken und Arbeitstieren. In der Folgezeit setzte sich Kaplan Glatzmeyer mit Nachdruck dafür ein, dass die Kuratie zur Pfarrei erhoben wurde. Die Voraussetzungen waren mit dem Bau des Pfarrhauses und der Kirche zum größten Teil geschaffen. Besonders erwähnte Glatzmeyer in einem Schreiben an das Landgericht, dass die Trauungen weiterhin in Bobingen stattfinden müssten und unter den misslichen Verhältnissen die katholische Gemeinde immer mehr in Verfalle komme. 1862 erfolgte dann die Erhebung zur Pfarrei und Wilhelm Glatzmeyer wurde der erste Pfarrer von Königsbrunn.

Die erste Primiz in der neuen Ulrichskirche feierte im August 1863 Bernhard Käufel. Er blieb seiner Heimatkirche sehr verbunden und schenkte ihr 1905 aus Anlass des 50jährigen Jubiläums der Grundsteinlegung zwei dreiteilige Tafelbilder des Münchner Künstlers Ludwig von Kramer mit den Darstellungen „Die heilige Nacht" und „Der 12-Jährige Jesusknabe im Tempel" und 1908 aus Anlass der Renovierung eine aus dem 15. Jahrhundert stammende Laternenmonstranz, deren Mittelstück nach der Legende aus einer alten auf Königsbrunner Flur gefundenen Ungarnlaterne besteht. Als Domkapitular von Augsburg wurde er mit dem Verdienstorden vom Heiligen Michael ausgezeichnet. Erst 76 Jahre später fand am Josefstag, dem 19. März 1939, die zweite Primiz in Königsbrunn statt. Leonhard Haßlacher zelebrierte seine erste heilige Messe. Er wurde 1948 Pfarrer in Waldberg. 1967 feiert seine Primiz Pater Augustin Wolf, der später in die Mission nach Brasilien ging.

Im Juni 1868 verließ Pfarrer Glatzmayer nach dreizehnjähriger Tätigkeit Königsbrunn und übernahm die Pfarrei Hopfenbach bei Obergünzburg. Sein Nachfolger wurde Pfarrer Josef Federle. Aufgrund seiner gesellschaftlichen Gewandtheit und seines sozialen Engagements konnte er 1869 den ersten Verein in Königsbrunn, den Krankenverein, gründen. Die Mitglieder zahlten einen monatlichen Beitrag ein und erhielten im Krankheitsfall für acht Wochen eine finanzielle Unterstützung. Ein Jahr später konnten dank eines Vermächtnisses und einer Haussammlung die Kreuzwegstationen erworben und eingeweiht werden. Auch half Pfarrer Federle der Gemeinde beim Erwerb eines menschenwürdigeren Armenhauses. Kurz vor seinem Weggang 1873 leitete er die Gründungsversammlung der Freiwilligen Feuerwehr. Von 1873 bis 1879 stand Franz Xaver Wagner der Pfarrei vor. Er setzte sich sehr für die Verbesserung der Schulverhältnisse ein, da viele Kinder durch die schwere Arbeit der Eltern meist sich selbst überlassen blieben. Zu Beginn seiner Amtszeit führte der neue Pfarrer Franz Xaxer Kramer, von 1879 bis 1883 in Königsbrunn, mit Genehmigung des Bezirksamtes Friedhofsgebühren ein. Die Gebühr für ein Kindergrab betrug 4 Mark und für ein Erwachsenengrab 8 Mark bzw. mit Grabstein 14 Mark. Pfarrer Kramer erwarb das vom Freisinger Kunstmaler August Kraft geschaffene Heilige Grab, das jedes Jahr gründonnerstags in der Kirche aufgestellt wird.

Sein Nachfolger war Georg Kastner, der 18 Jahre in der Gemeinde tätig war. In dieser Zeit verbesserten sich die sozialen und wirtschaftlichen Verhältnisse und die Bevölkerung nahm stetig zu. Bei der Volkszählung am 1. Dezember 1900 waren es bereits 1954 Einwohner. 1902 verstarb er als bisher einziger Priester in Königsbrunn. Sein Ehrengrab befindet sich heute neben dem beim Mahnmal für die Gefallenen der beiden Weltkriege. Nur knappe vier Jahre war Carl Albert Baumeister Pfarrherr. Wegen der anstehender Kirchenrenovierung und dem Anlegen eines Kirchenvorplatzes gründete er 1903

Festgottesdienst zum 100-jährigen Bestehen des katholischen Kirchenchors, 2005.

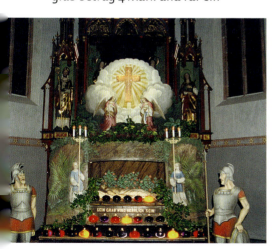

Das Heilige Grab vom Freisinger Kunstmaler August Kraft.

einen so genannten Kirchenverschönungsverein. Er veranstaltete im April 1905 ein großes Kirchenkonzert zugunsten der Kirchenrenovierung mit

Die Kirche Sankt Ulrich

dem neu gegründeten katholischen Kirchenchor, dessen Leiter der Lehrer und Organist Josef Schön war. 1906 trat Josef Kugler als elfter Seelsorger und siebter Pfarrer seinen Dienst in Königsbrunn an. Er führte die Renovierung des Kircheninnenraumes weiter. So wurden an den Seitenwänden des Chores und am Chorbogen die Dekorationsmalereien von Coletti hinzugefügt. Aufgrund großzügiger Spen-

Die Aufnahme zeigt noch die Dekorationsmalereien von Coletti, um 1950.

den konnte eine neue Orgel gekauft und eine neue Friedhofskapelle (1911) erbaut werden. Als 1913 ein eiserner Glockenstuhl aufgestellt wurde, installierte man zugleich auch eine neue Turmuhr, da die erste, ein Geschenk der Augsburger Gemeinde Heilig Kreuz, bereits aus dem Jahr 1683 stammte. Zwischen den beiden Konfessionen kam es immer wieder zu Spannungen und Streitigkeiten. Um die katholische Seite zu stärken, gründete Pfarrer Kugler 1912 den Katholischen Männer-

verein. Die zwei Jahre später stattfindende Fahnenweihe war die letzte große Festlichkeit vor dem Ersten Weltkrieg. Die beiden Nachfolger, Pfarrer Dr. Johannes Müller (1916–1917) und Pfarrer Johann Nepomuk Sammer (1917–1925), hatten einen schweren Stand, teils durch die geschichtlichen Ereignisse, teils durch Spannungen mit der Pfarrgemeinde. Die 1925 frei gewordene Pfarrstelle übernahm Josef Schön. Wegen seiner volkstümlichen Art und seines besonderen Einsatzes für die Jugend brachte er wieder Ruhe in die Pfarrei. Aufgrund seiner Bemühungen konnte die Nepomukkapelle gekauft und renoviert werden. Auch sorgte er für einen Ersatz der im Krieg konfiszierten Kirchenglocken. 1933 erhielt er die Ernennung zum Stadtpfarrer von Buchloe.

Mit der Machtübernahme durch die Nationalsozialisten veränderte sich die politische Kultur. In seiner achtjährigen Tätigkeit als Pfarrer leitete Konrad Kuhn umsichtig die Pfarrei und setzte sich durch mutige Predigten für die Seelsorge ein. Während des Zweiten Weltkrieges wechselte Theodor Weizenegger von Peterswörth nach Königsbrunn. Immer mehr Familien beklagten den Verlust eines Angehörigen durch Tod oder Gefangenschaft, was den Zuspruch und Trost des Seelsorgers erforderte. Zum Zwecke der Kriegsproduktion mussten wieder die drei größten Glocken abgeliefert werden. Nach Kriegsende wurden Königsbrunn etwa 1200 Heimatvertriebenen zugewiesen, deren Unterbringung und Eingliederung eine große Herausforderung bedeutete. Auch Pfarrer Josef Dippel, von 1948 bis 1956 in Königsbrunn, ging dieses Problem entschlossen an. Infolge der Währungsreform waren die Mittel der Pfarrgemeinde sehr begrenzt, doch konnten schon 1950 zwei Glocken angeschafft werden. Anlässlich des 100jährigen Kirchenjubiläums wurde eine zweite Kirchenrenovierung durchgeführt. Dabei wurden im Innern wichtige Stilelemente entfernt und die Wände weiß getüncht. Aus heutiger Sicht des Denkmalschutzes hätte die Renovierung so nicht ausgeführt werden dürfen. Im Juli 1956 übernahm Georg Koch die Pfarrstelle. Bedingt durch die starke Zunahme der Gläubigen wurde eine Kaplanstelle eingerichtet. 1962 begann man mit dem Bau eines neuen Pfarrhauses.

Rupert Ritzer übernahm 1964 die Pfarrei. Viele Projekte konnten in seiner 23jährigen Amtszeit verwirklicht werden. An der Ulrichskirche wurde eine neue Sakristei angebaut und eine Kirchenheizung eingebaut. In der Zeit von 1972 bis 1974 erfolgte die dritte Außen- und Innenrenovierung, die den ursprüngliche Zustand teils wiederherstellte. 1980 weihte Bischof Josef Stimpfle die neue Orgel. Gegenüber der Kirche wurde 1965 der neu gebaute Kindergarten St. Ulrich eröffnet. Durch

Der St.-Ulrich-Brunnen wurde 1978 vor der Kirche St. Ulrich aufgestellt.

Feierliche Einführung des neuen Pfarrers Georg Koch (rechts) mit Dekan Ignaz Storr, 1956.

das starke Anwachsen der Bevölkerung in Königsbrunn entstanden dann im Süden die neue Pfarrei Zur Göttlichen Vorsehung mit Kirche, Pfarrzentrum und Kindergarten und im Westen die Pfarrei Maria unterm Kreuz mit Kirche, Pfarrheim und Kindergarten

St. Michael. 1982 wurde auch neben der Ulrichskirche ein Pfarrheim errichtet. Zwei Jahre später verlieh der Stadtrat Pfarrer Ritzer die Ehrenbürgerwürde für seinen unermüdlichen Einsatz. Von 1987 bis 1994 war Johannes Kuen Seelsorger der Pfarrei. Neben einer lebendigen Gemeinde ging es ihm besonders um den geistigen Aufbruch. Sein Nachfolger wurde Anton Kreutmayr. In seiner 10jährigen Tätigkeit fielen wieder Renovierungsarbeiten bei der Ulrichskirche, der Nepomukkapelle, der Friedhofskapelle und der Friedhofsmauer an. Die alten Zifferblätter des Kirchturmes wurden gegen Neue aus Kupfer ausgetauscht. Aufgrund von Brandanschlägen mit den Opferkerzen in der Kirche St. Ulrich entschied Pfarrer Kreutmayr und die Kirchenverwaltung am Eingang zum Friedhof eine Lichterkapelle zu errichten. Die Weihe fand beim Pfarrfest 2004 statt.

Kurz darauf entschied im Sommer 2004 das Bistum Augsburg aufgrund von personellen Engpässen die drei katholischen Pfarreien von Königsbrunn zu einer Pfarreiengemeinschaft zusammenzufassen. Deren Leitung wurde Pfarrer Bernd Weidner übertragen. Zur Seite stehen ihm ein Pastoralteam aus Kaplan, Diakonen, Pastoralreferenten, Gemeindereferenten und Gemeindeassistenten. Im Rahmen eines Festgottesdienstes wurde Pfarrer Weidner am 17. Oktober 2004 offiziell von Prälat Josef Heigl in sein Amt eingeführt.

Körnerbild von Doris Hivner mit dem neuen Emblem der Pfarreiengemeinschaft Königsbrunn zum Erntedankfest 2004.

Die Kirche Zur Göttlichen Vorsehung

von Hannelore Demmeler

Die Anfänge der Pfarrei

In den 60er Jahren zählte Königsbrunn bereits über 10.000 Einwohner, die nun auch den Süden besiedelten. Für die Katholiken unter ihnen war der Weg zur St. Ulrich Kirche lang und die Plätze im Gotteshaus gering. Deshalb gründete der damalige Stadtpfarrer Georg Koch 1964 einen Kirchenbauverein, kurz bevor er Königsbrunn verließ. Im selben Jahr übernahm Pfarrer Rupert Ritzer St. Ulrich und trieb die Ausgestaltung der kirchlichen Landschaft voran. Er überzeugt die bischöfliche Finanzkammer vom Bauvorhaben und schreibt im folgenden Jahr einen Architektenwettbewerb aus. In der Zwischenzeit sammelte die Gemeinde schon Namen für ihr neues Gotteshaus. Viele Heilige, wie Christophorus, Raffael oder Konrad standen zur Wahl. Doch Bischof Josef Stimpfle bat um einen Namen, den noch keine Kirche in Augsburg trage – schließlich sollte es keine Verwechslungen geben, wenn Königsbrunn eingemeindet werde. So einigte man sich auf den Namen „Zur Göttlichen Vorsehung", den sonst keine Kirche in Deutschland trägt. Während die bischöfliche Finanzkammer in einer kritischen Finanzlage steckte und den Baubeginn deshalb mehrmals verschob, waren die neuen Gemeindemitglieder voller Tatendrang. Über den

Verbriefung der Grundstücke für die neue Kirche bei Notar Dr. Walther Scheidle (links) mit Bürgermeister Friedrich Wohlfarth und Pfarrer Rupert Ritzer, 1967.

symbolischen Verkauf von Bausteinen zu je 20 DM und Einnahmen aus den Silbersonntagen, konnten sie 10 Prozent der Kosten übernehmen. Weil Pfarrer Ritzer den Baubeginn kaum erwarten konnte, ließ er bereits die Bagger los, als noch gar keine Genehmigung der Diözese vorlag. Die 68 DM Strafe dafür zahlte der Stadtpfarrer gerne aus der eigenen Tasche, denn danach dauerte es nur noch eine gute Woche bis zur offiziellen Genehmigung. Mittlerweile war der knapp 30 Jahre alte Martin Bummele als Kaplan in die frisch erhobene Stadt Königsbrunn gekommen. Als sich das Bauende näherte, wurde er 1970 Kurat der neuen Kirche. Auch er hatte seinen eigenen Kopf und wollte in jenem Jahr die

Während der feierlichen Weihe am 14. März 1971 wurde Bischof Dr. Josef Stimpfle von Stadtpfarrer Rupert Ritzer unterstützt.

Christmette feiern, obwohl die Bauleitung anderer Meinung war. Es gab noch kein elektrisches Licht, also hielt jeder eine Kerze und machte den ersten Gottesdienst zu einem besonderen Erlebnis. Bis Anfang der 90er Jahre hielt sich diese schöne Tradition in der Christmette und Osternacht. Schnell hatte Bummele mit seiner Offenheit und Nahbarkeit die Herzen seiner Gemeindemitglieder erobert. So hatte er schon bei seinem Betriebspraktikum im Südmarkt mit dem Lehrmädchen diskutiert, ob sie mit ihrem Freund zusammenziehen sollte oder nicht. Und als er eine Haushälterin für sein Pfarrhaus suchte, zog ein frisch verheirateter Religionslehrer mit Frau ein. Erst 13 Jahre und vier Kinder später zogen sie wieder aus. Auch viele Jugendlichen folgten ihrem ehemaligen Kaplan, der sich auch als Kurat und Pfarrer besonders für die Zukunft der Gemeinde einsetzte. Außerdem war ihm der Dialog mit Kultur und Politik sehr wichtig. Legendär geworden sind die Faschingsbälle, bei denen sich Pfarrer Bummele sogar selbst in die „Bütt" traute. Denn ein guter Faschingsball sei mehr wert als eine Sonntagspredigt, weil die Leute in jener legeren Atmosphäre ganz offen redeten. Mit dem evangelischen Pfarrer Günzel feierte Pfarrer Bummele neben vielen Veranstaltungen auch einen ökumenischen Fasching um das Rathaus, was nicht jedem gefiel. Insgesamt war es eine Aufbruchs- und Pionierzeit, man fing bei Null an und konnte alles ausprobieren. So gab es eine Jazz-Christmette ohne Weihnachtslieder gegen die Kommerzialisierung sowie langhaarige Gottesdienstbesucher, neue Gruppen wurden gegründet und Feste aus den eigenen Haushalten veranstaltet. 1976 wurde dann die Kuratie zur Pfarrei erhoben und Martin Bummele zum Pfarrer geweiht. Nach gut zwanzig Jahren in Königsbrunn war zu vieles für Pfarrer Bummele zur Gewohnheit geworden und er suchte neue Herausforderungen. Er hatte schon vorher davon gesprochen nicht ewig hier bleiben zu können, trotzdem wollten es viele Gemeindemitglieder nicht wahrhaben. Noch heute lassen sich viele Jugendliche von damals von ihrem Pfarrer trauen.

Aber 1988 kam in Pfarrer Klotz, ein würdiger Nachfolger und ein Bewahrer, der sich besonders kreativ bei der Ausgestaltung des Altarraumes und der liturgischen Entfaltung zeigte.

Er schaffte mit seinem Mesner Peter Meyer viele Bilder, die noch heute genutzt werden und die Abstellräume füllen. Dem zu Gute kam die große,

Die neue Orgel wurde 1998 eingeweiht.

freie Altarwand, mit der sich jeder Gottesdienstbesucher auseinander setzten muss. Als praktischer Mensch packte er bei jeglichen Arbeiten gerne selbst mit an, anstatt lange darum herum zu reden. So waren auch seine Predigten klar, verständlich, auch kritisch und punktgenau. Die Arbeit für die Ökumene teilte er sich mit seinem Freund Dekan Kohler, die Jugendarbeit mit seiner quirligen Gemeindereferentin Schwester Gabriele. Sehr wichtig war ihm auch die Krankenbetreuung, einzig das Verwaltungswesen schätzte Pfarrer Klotz wenig. Eine sehr beständige Errungenschaft von Pfarrer Klotz war die erste eigene Orgel. Sie ersetzte 1998 die alte, die damals gebraucht gekauft wurde und als Übergangslösung über 30 Jahre ihren Dienst tat.

Kunst in der Kirche

Allein die Architektur der Kirche ist bis heute innovativ. Nach dem Zweiten Vatikanischen Konzil gab es keine verbindliche vorgegebene Form. In Modellversuchen erschuf der neue Architekt Justus Dahinden eine Kirche, ein Zentrum der Begegnung in einem ungefähren Achteck. Viele offene Räume greifen ineinander. Auch die verschiedenen Ebenen sind miteinander verbunden. Vom Kircheraum führt eine Rampe in den Gemeindesaal, von der Sakristei eine Treppe ins Pfarrzentrum. Auch mit Pfarrhaus, Kindergarten, Kirchplatz, Brunnen und Altenheim bildet die Kirche über Treppen, Rampen und das Material eine Einheit. Das Material aus Sichtbeton hat ihr den Spitznamen Kieswerk eingebracht. Zu Unrecht wird das Material für kalt und unpersönlich gehalten. Aber gerade der Kies, der für den Beton benötigt wird, kommt direkt aus dem Lechfeld. Klar und ehrlich wuchs aus ihm die Kirche, deren Eindruck vom Unfertigen beabsichtigt ist. Das Material und die schlichte Bauweise ordnet sich auch unter, sie protzt nicht wie in ehemaligen Zeiten, sondern zeugt von Demut und dient der Kreativität und Fantasie im Gottesdienst. Zur leichten Umgestaltung lädt auch die mobile Bestuhlung ein. Sie ist wie der Altar, das Taufbecken und die Beichtstühle in warmen, schwarzen und kompaktstandhaften schwarzen Holz gearbeitet. Bescheiden aber dennoch dominierend behauptete das Kreuz seinen zentralen Platz oder führt die Gemeinde zu hohen Festen an. In dieser Kirche kann man in sich kehren, denn die Atmosphäre ist meditativ, ohne bedrückend zu sein. Die Kirche beschützt einen vor dem Alltag, zu dem keine visuelle Verbindung mehr bleibt, man sieht nicht hinaus und nichts lenkt ab. Nur auf den Tabernakel, der aus lauter Glaskreuzen besteht, scheint direktes, mystisches Licht von oben. Dahinter lädt die hohe Andachtskappelle zur Marienanbetung und zum Gespräch mit Gott ein. Heute steht die Kirche vor ihrer Innensanierung, Baumängel, wenig Erfahrungswerte und die Zeit haben ihre Spuren hinterlassen. Dennoch soll die Architektur der Kirche komplett erhalten werden. Einzig der Teppich soll einem weniger anfälligen Belag weichen, obwohl auch er seinen Beitrag zur Ruhe und Andacht geleistet hat, indem er den Lärm der Stöckelschuhe dämpfte.

Bei einem Besuch der Künstlerfamilie Pittroff-Nowak entdeckte Pfarrer Bummele eine Tonkrippe, die Berta Pittroff für ihre Tochter und ihren Schwiegersohn gestaltet hatte. Davon begeistert wuchs in ihm der Wunsch an eine Jahreskrippe für seine Kirche. Um Weihnachten 1980 wurde das Höhlengewölbe in der unbestuhlten Nische aufgebaut. Es wird von den Strahlen eines vergoldeten Sterns durchstoßen, der als Zeichen göttlicher Führung fungiert. Am Bogen der Höhle befindet sich eine Fahne, die an den Regenbogen des Noah-Bundes erinnert, Gott hat Ja zum Leben und zur ganzen Schöpfung gesagt. An der linken Innenseite war-

Südansicht der Kirche Zur Göttlichen Vorsehung, 2007.

Die Jahreskrippe – Motiv Palmsonntag – von Berta Pittroff.

ten Gefangene auf ihre Erlösung, den Sockel zieren eine weiße Taube mit Hinweis auf den Gründungsspruch der Kirche, Kelch und Hostie als Zeichen der Eucharistie sowie ein Buch des Lebens. Links daneben steht die Engelssäule, die aus Sichtbeton mit der Kirche eine Einheit bildet. Auf ihr sind drei Engel verschlungen: Gabriel, der Engel der Verkündigung, Michael der Seelenwäger und Uriel, der Gerichtsengel. Dieser dreigestaltige Schalom-Engel geht direkt auf eine Idee Pfarrer Bummeles zurück. Er soll Dolmetscher des göttlichen Willens sein, für Friede, Freiheit, Versöhnung, Harmonie, Wahrheit, Menschlichkeit. Außerdem befanden sich schon die heilige Familie, vier Hirten und Tiere von Anfang an in der Krippe. In den folgenden Jahren krönte bald ein Relief-Medaillon mit dem himmlischen Jerusalem, wo Gott unter den Menschen wohnt, die Krippe und außen herum entstanden Berge zur Begegnung mit Gott und eine Stadt, die sowohl Bethlehem als auch Jerusalem darstellen kann. In den folgenden 20 Jahren fertigte Berta Pittroff in enger Zusammenarbeit mit Pfarrer Bummele und Pfarrer Klotz über 50 Figuren und Szenen aus dem Alten und Neuen Testament, unter anderem Moses mit dem brennenden Dornbusch oder den Gesetzestafeln, Daniel in der Löwengrube, Maria Verkündigung, die Taufe Jesu, der Einzug in Jerusalem, Jesus Marter, die Auferstehung, der barmherzige Vater, Zachäus, der gute Hirte, Petrus, Pfingsten. Bis kurz vor ihrem Tod arbeitete Berta Pittroff an den Figuren und hatte noch mehr vor. Dass sie immer schlechter sah, reduzierte ihre Figuren auf das Wesentliche. Gerade 90 Jahre alt geworden, verstarb die Künstlerin 2000 in Augsburg. Ihr Schwiegersohn Heinrich Nowak gestal-

Der Schalomengel.

tet noch heute die Krippe im jeweiligen Jahreskreis neu.

Fast schicksalhaft mutet die Geschichte an, durch die der Kreuzweg in die Kirche Zur Göttlichen Vorsehung kam. Der 1909 in Biebrich am Rhein geborene Künstler Claus Bastian hatte 1964 diesen Kreuzweg gemalt, nachdem er das Kloster La Tourette von Le Corbusier besucht hatte. Erst hing er in einer Kirche im Raum Stuttgart, doch mit diesem Ort waren weder jene Gemeindemitglieder noch der Künstler zufrieden. Auf seiner Suche nach der perfekten Betonkirche kam Bastian 1982 nach Königsbrunn. Der damalige Mesner

Der Kreuzweg von Claus Bastian.
Station 1: Judas verrät seinen Herrn.

Peter Mayer war dabei, als Claus Bastian das Zusammenspiel zwischen Kirche und seiner Kunst prüfte. Angelehnt an mittelalterliche Tafelmalereien gestaltet er seine Holztafeln modern, farbig, expressiv, flächig gemischt mit den künstlerischen Handgriffen der Vergangenheit und traditionellem Gold. Gekonnt sind die Ausschnitte gewählt, die den Betrachter so nah zum unverschlüsselten, wahrhaftigen Geschehen hinziehen, dass er von Personen umgeben ist und selten räumliche Begrenzungen ausmachen kann. Kaum eine Person ist komplett abgebildet, oft dominiert Christus mit und ohne Kreuz die Bildaufteilung, unterstützt durch Hell und Dunkel umspannt er den Gestaltungsraum. Nur beim Tod Jesus ist der Raum frei von Ornamenten, Schmuck oder den holzigen Fratzen – ein blutroter Hintergrund bringt eindringliche Stille. Sein politisches Engagement verarbeitet Bastian indem er Personen der Zeitgeschichte mit der religiösen Geschichte verwebt. Seine judenfreundliche Gesinnung brachte den Künstler 1933 ins Konzentrationslager Dachau. Unter den Spöttern findet sich Adolf Hitler mit erhobener Hand, überhöht steht er da als Verführer der Massen, der Wahnsinnige, der im Hintergrund die Strippen zieht. Das große Vorbild der damaligen Jugend, John F. Kennedy, hilft Jesus als selbstloser Simon das Kreuz zu tragen. Der gütige, überraschende Reformpapst Johannes XXIII. nimmt als sein loyaler Namensvetter Jesus vom Kreuz und betet neben der Pietà. Zwei Jahre nach dem der Kreuzweg in die Kirche kam, brachte die Gemeinde den Vorschlag, je eine Straße könnte ein Bild kaufen. Als nun der 75-jährige Bastian nach dem Preis gefragt wurde, antwortete er Pfarrer Bummele, dass er in seinem Alter keine Reichtümer mehr ansammeln sollte und schenkte den Kreuzweg der Gemeinde. 1995 starb Bastian in München.

Die Kirche Maria unterm Kreuz

von Hannelore Demmeler

Junge Gemeinde ohne Kirche
Was Bürgermeister Fritz Wohlfarth für die Stadtentwicklung tat, tat Stadtpfarrer Rupert Ritzer für die Kirche in Königsbrunn. Schon bei der Errichtung der Kirche Zur Göttlichen Vorsehung schwebten ihm der Dreifaltigkeit wegen zwei weitere Kirchen vor. Während die Göttliche Vorsehung eine Gott-Vater-Kirche darstellte, wollte er eine Christuskirche im Westen und eine Heilig-Geist-Kirche im Südwesten. Ganz sollte Ritzer sein Vorhaben nicht durchsetzen.
Bereits 1978 startete Pfarrer Ritzer die ersten Umfragen in seiner Gemeinde. Vier Jahre später fanden im Frühling die ersten Probe-Gottesdienste im evangelischen Martin-Luther-Haus statt. Bald darauf, am 15. September, wurde Anton Siegel zum Expositus ernannt mit der klaren Anweisung eine eigenständige Pfarrei im Neubaugebiet zu errichten. Seit dem gab es regelmäßige Sonntagsgottesdienste im Martin-Luther-Haus. Dem jungen Kaplan Expositus trat anfangs große Skepsis entgegen. Viele Gemeindemitglieder verstanden nicht, warum man eine neue Pfarrei gründete, wenn schon die alte Kirche am Sonntag nicht ganz voll wurde. Aus vielen damaligen Skepti-

Westansicht der Kirche Maria unterm Kreuz,
im Hintergrund die Grundschule West, Luftaufnahme um 2001.

kern sind heute aktive Gemeindemitglieder geworden. Denn wo etwas neu wächst, kann man gestalten, wie man es für richtig hält und so fanden sich schnell viele Engagierte, auf die sich Pfarrer Siegels Tatendrang übertrug.

Ein großer Schritt in Richtung eigene Kirche war die Gründung des Katholischen Kirchenbauvereins Königsbrunn-West im Sommer 1983. Denn ohne dessen Einsatz hätte es die Kirche wohl nie gegeben. Die Mitglieder diskutierten mit und überzeugten die Finanzkammer der Diözese, sammelten Geld bei allerlei Aktionen und brachten den Anwohnern die Idee der neuen Kirche bei. Daneben wurden viele Arbeitskreise und Pfarrgruppen gegründet. Stolz war Pfarrer Siegel auch auf die Jugendarbeit, für die er sich besonders einsetzte. Ein Kirchenchor wurde nicht neu gegründet, sondern mit der Pfarrei Zur Göttlichen Vorsehung zusammengeschlossen. Eine enge Freundschaft verbindet Pfarrer Bummele und Pfarrer Siegel, seit der Jüngere beim Älteren Praktikant war und Pfarrer Bummele bei der Besetzung des neuen Pfarrers seinen Schützling ins Spiel brachte. Für die ökumenische Verständigung hat die junge Pfarrei vieles beigetragen, indem sie als Untermieter im Martin-Luther-Haus ihre Gottesdienste feierte. Ordentlich und korrekt, wurde das Martin-Luther-Haus immer so verlassen wie vorgefunden – zur Freude der evangelischen Gemeinde. So lernten sich beide Seiten besser kennen, arbeiteten in Freundschaft zusammen und trugen dazu bei, dass die Ökumene in Königsbrunn zur Selbstverständlichkeit wurde.

Mit dem Einzug in die eigene Kirche wurden Begegnungen zwar seltener, dennoch gab es viele gemeinsame Projekte wie zum Beispiel die ökumenischen Kinderbibeltage oder den öku-

Ökumenische Kinderbibelwoche im Frühjahr 2005 mit der Organisatorin Sabine Leimer (rechts).

menischen Hospizverein Christrose, der seit 2004 schwerkranke und sterbende Menschen sowie deren Angehörige auf dem letzten Weg begleitet.

Die Kirche Maria unterm Kreuz
Wichtig für die Identität der Kirche war die Suche nach einem Namen, der nicht bestimmt, sondern von der Gemeinde ausgesucht wurde. Im Mai 1984 konnten die Gemeindemitglieder zwischen 13 Namensvorschlägen wählen. Die Mehrheit entschied sich für Maria unterm Kreuz vor dem Heiligen Thomas, Matthias Mulumba und Maximilian Kolbe. Mulumba war ein Märtyrer aus Uganda, der sich dort für die Gleichberechtigung der Frau und der Christen einsetzte. Kolbe war ein deutsch-polnischer Priester, der im

Konzentrationslager Auschwitz Messen hielt und die Todesstrafe eines anderen Häftlings übernahm. Maria unterm Kreuz vereint die Gedanken der Kreuzerhöhung, Vertrauen und Hoffnung sowie Ökumene, da Martin Luther die Marienverehrung in den Vordergrund rückte.

Um nun auch den Bau der eigentlichen Kirche voranzubringen, veranstaltete man zwei Jahre später einen Architektenwettbewerb, zu dem 50 Entwürfe eingereicht wurden. Am Ende entschied man sich für den Entwurf von Schmid und Zahn. Die Wende in den neuen Bundesländern stellte den Bau ein letztes Mal in Frage: Muss man die Kirche wirklich bauen, wenn die Gelder woanders sinnvoller sind? Doch die Diözese blieb bei ihrem Vorhaben und die Kirche Maria unterm Kreuz wurde als eine der letzten Kirchen im Raum Augsburg gebaut. Sie vereint das Achteck des frühchristlichen Kirchenbaus mit modernen Materialien wie Edelstahl. Licht ist der vorrangige Gestaltungsaspekt. Jede Ecke des Kirchenraums ist lichtdurchflutet.

Endlich hatte die junge Gemeinde einen richtigen Begegnungsort. Zur Kirchweih am ersten Advent 1993 war es bitter kalt und trotzdem kamen über 1.000 Menschen. Josef Hauber

Feierliche Weihe am 22. November 1993 mit Bischof Viktor Josef Damertz.

komponierte extra für diesen Anlass eine Magnifikatmesse, die dem damaligen Bischof Viktor Josef Dammertz so gut gefallen hat, dass sie noch heute in Augsburg häufig aufgeführt wird. Für die komplette Gestaltung des Innenraums konnte der Künstler Friedrich Koller gewonnen werden. Früher konnten die Menschen noch nicht lesen, deshalb schmückten Bilder die Wand. In der heutigen Zeit können fast alle Menschen lesen, deshalb ziert ein Schriftband mit dem Magnifikattext

Innenansicht der Kirche Maria unterm Kreuz mit Taufbecken und Orgel, 2007.

Die Kirche Maria unterm Kreuz

die Kirche. Der Lobpreis umgibt den ganzen Kirchenraum und somit auch die Gemeinde darin. Ebenfalls der Maria gewidmet ist der Haupteingang.

Außenseite der Kirchentüre mit der Mariensäule.

Von außen empfängt Maria die Gläubigen mit ihrem Kind Jesu, der ein Kreuz bildet. Innen ruft Mutter Maria der Gemeinde zu: „Was Er Euch sagt, das tut." Das Hochkreuz hat einen prominenten Platz in einer zentralen Nische hinter dem Altar. Unter dem gekreuzigten Jesus stehen Maria und Johannes, die den Tabernakel tragen, auf dem das Vaterunser steht. Der Altartisch ruht auf fünf Säulen. Auf der zentralen Säule ist ein Ähre dargestellt, an ihrem Fuß befindet sich ein Weizenkorn, das wie Jesus sterben muss, damit das Leben weiter gehen kann.

Unter ihm befinden sich die Reliquien der heiligen Christina, Simpert, Karl Lwanga und Matthias Mulumba. Der Taufbrunnen vereint die vier Paradiesflüsse Euphrat, Tigris, Gihon sowie Pischon und den Fisch als Symbol für Christus im Gitter. In der geometrischen Mitte des Kirchenraums ist der Emanuelstern im Boden eingelassen. Er erinnert an die Verheißung, dass Gott Licht in die Welt bringen wird, das in der Kirche Maria unterm Kreuz wahrlich zugegen ist. Die Kapelle verbindet Tod und Leben, Ostern und Weihnachten, indem vom leeren Grab ein Durchbruch zur Krippe führt. Diese Kapelle, so wie ein Brunnen und ein Kreuzweg sollen in den nächsten Jahren fertiggestellt werden.

Postkarte mit dem Hochkreuz der Kirche Maria unterm Kreuz, um 1995.

Die Kapelle des heiligen Nepomuk

von Susanne Lorenz

Am südlichen Ortseingang von Königsbrunn steht an der B 17 (alt) ein kleines spätbarockes Kleinod, die St. Nepomukkapelle, auch Neuhauskapelle genannt.

1688 entstand an der Straße zwischen Augsburg und Landsberg auf Befehl des damaligen Bischofs von Augsburg, Johann Christoph von Freyberg, ein großes Amtshaus mit Zollstation. Auch ein Einkehrhaus mit dem Namen „Mittlerer Lechfeldwirt" bzw. „Zum neuen Lechfeldwirt" wurde erbaut. Die „Wirte im mittleren Lechfeld" erhielten wichtige Privilegien wie Brauerei-, Käserei-, Bäckerei- und Metzgereirecht. Zunehmender Handelsverkehr und ein wachsender Wallfahrerstrom zum Kloster Lechfeld brachten den ersten Wirtsleuten Johann und Elisabeth Sedelmayr einigen Wohlstand. Deren Sohn Johann Georg Sedelmayr übernahm 1727 den Gasthof mit seiner Ehefrau Rosina. Im Jahre 1734 stifteten die Wirtsleute die Kapelle und erhielten die Baugenehmigung durch den Bischof von Augsburg, Alexander Sigmund Pfalzgraf von Neuburg. Das Bauwerk wurde nach einem

Südansicht der renovierten Nepomukkapelle, 2006.

Jahr vollendet. Bevor der Weihetermin mit dem Ordinariat vereinbart wurde, musste noch die Verteilung der Opfergelder geregelt werden. Es wurde im Vertrag vom 29. April 1735 festgelegt, der auch für alle weiteren Wirtshausbesitzer gelten sollte, dass ein Drittel der Opfergelder der Pfarrkirche zu Bobingen zugehen und die anderen zwei Drittel dem Wirtshausbesitzer zur Unterhaltung der Kapelle verbleiben sollten. Am 1. Mai 1735 weihte Weihbischof Johannes Jacobus von Mayr, Titularbischof von Pergamon, die Kapelle mit der vollen Weihe einer Kirche, d.h. einschließlich der „licentia celebrandi" (Messlizenz), ein. Als Patron wurde der Hl. Johann Nepomuk gewählt. Im Anschluss erhielten 28 Firmlinge, darunter auch der Sohn des Kapellenstifters, das Sakrament der Firmung.

Die St. Nepomukkapelle dürfte mit zu den frühesten Kapellen gehören, die in der ersten Hälfte des 18. Jahrhunderts zu Ehren des Hl. Johann Nepomuk errichtet wurden. Von Außen ist die Kapelle durch Pilaster und Rundbogenfenster gegliedert. Am Westgiebel befindet sich die Eingangstüre. Darüber steht in einer Nische die Statue des Hl. Johann Nepomuk. Abgerundet wird das Westportal durch einen achteckigen Dachreiter (Türmchen) mit Zwiebelhaube. Der bekannte Glockengießer Johann Joseph Kern aus Augsburg schuf 1737 die zwei Glocken für die Kapelle. Im Innern steht an der Ostwand der Altar aus marmoriertem Holz, mit vier Säulen, Kranzgesimsen, Säulenstuhl und einem Altarbild (Antepen-

Altarbild.

dium) mit einfachem Rahmen. Auf diesem ist der Hl. Johann Nepomuk zusammen mit dem Hl. Antonius von Padua dargestellt. Beide Heiligen knien vor der Muttergottes, die das Jesuskind auf dem Schoße hält. Jeder hält seine Zunge der himmlischen Frau entgegen. Die Zunge des Hl. Johann Nepomuk hat die Umschrift „Tacui" (ich habe geschwiegen), eine Anspielung auf das bewahrte Beichtgeheimnis. Die Zunge des Hl. Antonius hat als Umschrift „Loquebar" (ich habe geredet), eine Anspielung auf seine außerordentliche Predigertätigkeit. An der Westwand befindet sich eine Empore. Beim Eingang ist am linken Portalstreben ein Weihwasserbecken aus Stein mit der eingemeißelten Jahreszahl „1735" eingelassen.

Wie oft in der Privatkapelle Gottesdienste gehalten wurden, ist nicht bekannt. Erst in der Mitte des 19. Jahrhunderts, am Nepomukpatrozinium und am Fest des Hl. Markus, wurden Gottesdienste registriert.

Im 19. Jahrhundert verlor das Neuhaus durch den Bau der Eisenbahnlinien Augsburg-Buchloe und Augsburg-Kaufering zunehmend an Bedeutung und der Fuhrwerks- und Wallfahrerverkehr nahmen schrittweise ab. Die spärlichen Opfergelder reichten dem jeweiligen Inhaber der Gastwirtschaft Neuhaus bei weitem nicht mehr aus, die erforderlichen Erhaltungsarbeiten durchzuführen. In den bischöflichen Visitationsprotokollen wird der Zustand der Kapelle von „etwas heruntergekommen" bis „ziemlich heruntergekommen" beschrieben. Im Jahre 1910 wurde das Bezirksamt Schwabmünchen auf den miserablen Bauzustand aufmerksam. Daraufhin erstellte das kgl. Generalkonservatorium der Kunstdenkmale und Alterthümer Bayerns ein Gutachten, in dem steht: „Geschieht nicht bald das nötige, namentlich an den Dachungen, so geht die Kapelle ihrem vollständigen Verfalle entgegen". Außerdem empfahlen sie, dass die Pfarrgemeinde Königsbrunn die Kapelle durch Kauf übernehmen sollte. Durch den Druck der Behörden ließ der damalige Neuhaus-Wirt Anton Gilg die gröbsten Schäden ausbessern. Während des Ersten Weltkrieges und der Nachkriegszeit kümmerte sich niemand mehr um die Kapelle und der Zustand war so schlecht, dass bis 1926 keine Gottesdienste mehr abgehalten werden konnten.

Im Jahre 1926 bot sich für den neuen Pfarrer Josef Schön (10. Pfarrer von St. Ulrich) die Gelegenheit, die St. Nepomukkapelle von den damaligen Eigentümern, den Gastwirtseheleuten Johann und Christine Hauck, zu kau-

Gastwirtseheleute Johann und Christine Hauck, um 1914.

fen. Der notarielle Kaufvertrag wurde am 15. April 1926 unterschrieben. Der Kaufpreis für die Kapelle mit Grund betrug 1.000,– Reichsmark. Pfarrer Schön kaufte dem Gastwirt Johann Hauck auch zwei zur Neuhauskapelle gehörenden Figuren und die zwei Glocken für jeweils 150,– Reichsmark ab. Durch Haussammlungen und Spenden, unter anderem der Firma Martini, der Haunstetter Spinner- und Weberei und des Wallfahrer-Vereins Augsburg, wurden die nötigen Mittel für die Renovierung zusammengetragen. Sofort begann die Pfarrgemeinde mit der Renovierung, die noch im selben Jahr beendet werden konnte. Das bischöfliche Ordinariat Augsburg erteilte Pfar-

Die Kapelle des heiligen Nepomuk 121

rer Schön die Binationsvollmacht zur Lesung einer heiligen Messe an einem Sonntag im Monat und ermächtigte ihn, am Patroziniumstag die Kapelle zu segnen.

Insbesondere wegen fehlender Finanzmittel der Pfarrgemeinde verfiel die Kapelle während des Zweiten Weltkrieges und der Nachkriegszeit zusehends. Auch der schnell wachsende Straßenverkehr auf der B 17 und die damit verbundene Luftverschmutzung beschleunigten diesen Vorgang. Leider wurde die Kapelle in den 60er und 70er Jahren durch Diebe heimgesucht. Sie entwendeten unter anderem die ungesicherte

Statue des Hl. Johann Nepomuk über der Eingangstüre der Kapelle.

Nepomuk-Statue, vier Empire-Leuchten und das Altarbild, das aus dem Rahmen geschnitten wurde. 1974 begann die Pfarrgemeinde St. Ulrich mit finanzieller Unterstützung durch das Diözesanbauamt (Übernahme der Baukosten in Höhe von 55 %), durch Bürger, Stadtverwaltung und weitere öffentliche Einrichtungen sowie durch kostenlose Dienst- und Sachleistungen von Handwerkern mit der Außen- und Innenrenovierung. Nach zweijährigen Arbeiten konnte die Kapelle am 12.06.1976 wieder ihrer Bestimmung übergeben werden. Den Weihegottesdienst zelebrierte Bischof Dr. Josef Stimpfle zusammen mit Geistlichem Rat Rupert Ritzer und erteilte hierbei die Benediktion.

Zum 250jährigen Bestehen der Nepomukkapelle veranstalteten die drei katholischen Pfarreien und die zwei evangelischen Gemeinden eine Festwoche vom 13. bis 19. Mai 1985. Der Höhepunkt war der unter freiem Himmel stattfindende Festgottesdienst auf der Wiese vor der Kapelle. Den Festgottesdienst hielt der Generalvikar Dr. Eugen Kleindienst zusammen mit dem Geistlichen Rat Rupert Ritzer, Pfarrer Martin Bummele und Pfarrer Anton Siegel. Danach begann auf der gesperrten B 17 das Nepomuk-Volksfest.

Auch in den Jahren 2002 und 2003 mussten dringende Außen- und Innenrenovierungen vorgenommen werden. Die Kosten für die originaltreue Renovierung beliefen sich laut einer Aufstellung der katholischen Pfarrei St. Ulrich auf ca. 125.000 Euro. Die Stadt Königsbrunn beteiligte sich mit einem Zuschuss von 10.000 Euro an der Sanierung der St. Nepomukkapelle. Auch die Bevölkerung unterstützte mit vielen Einzelspenden dieses Projekt.

Die Kirche Sankt Johannes

von Marion Kehlenbach

Die Wurzeln der Evangelischen-Lutherischen Kirchengemeinde reichen zurück bis ins Jahr 1836, als die ersten protestantischen Siedler aus dem nördlichen Ries und von Westen her aus der Pfalz, Württemberg und dem Elsass in das Gebiet um die zwei Königsbrunnen zogen. 1864 zählte die evangelische Gemeinde 139 Familien, davon 99 aus dem Ries. Zunächst wurden die protestantischen Einwohner Königsbrunns von der evangelischen Augsburger Kirchengemeinde St. Ulrich betreut. Dabei mussten die evangelischen Siedler den fast 15 km langen Weg zur Pfarrei St. Ulrich in Augsburg häufig zu Fuß zurücklegen. Im Winter war der Weg oft so beschwerlich, dass die Königsbrunner zumeist auf den Gottesdienst verzichten mussten. Am 1. Dezember 1847 erhielten die Gemeindemitglieder mit der Amtseinführung des Vikars Adolf Julius Knauß ihren ersten evangelischen Seelsorger. Neben seinen seelsorgerischen Aufgaben erteilte er auch Schul- und Religionsunterricht und nun konnte auch regelmäßig in dem vor einen Jahr erbauten Schulhaus Gottesdienst gehalten werden. Aber das Schulzimmer war bereits

Außenansicht der Kirche St. Johannes, 2007.

1850 für die Gläubigen zu klein geworden. Doch wegen Geldmangel wurde das Anliegen der Kirchengemeinde auf einen Kirchenbau mit Regierungsbeschluss 1852 abgelehnt. Für den Bau wurden damals 27.900 Gulden veranschlagt, die tatsächlichen Kosten lagen dann später bei 26.882 Gulden. Erst als im Herbst 1855 König Maximilan II. von Bayern 10.000 Gulden aus dem Staatsbuget bewilligte und Gelder durch Spenden und Kollekten zusammen kamen, konnte man unter Vikar Johann Heinrich Grün mit der Planung des Gotteshauses beginnen.

Im Mai 1859 erfolgte die feierliche Grundsteinlegung für die St. Johannes Kirche unter der Teilnahme vieler honoriger Amts- und Würdenträgern aus der Region. In den Grundstein kamen damals: ein Riss der Kirche auf Stein und Papier gezeichnet, Silber-

Erinnerungstafel zum 50jährigen Bestehen der Kirche St. Johannes mit dem damaligen Pfarrer Wilhelm Rohn.

münzen aus dem Jahr 1859 und eine Urkunde über den Bau. In der Urkunde heißt es unter anderem: „Im Jahr des Heils 1859 im zwölften der glorreichen Regierung seiner Majestät des Königs Maximilian II. von Bayern unter dem Königlichen Regierungspräsidenten von Schwaben und Neuburg Freiherrn von Lerchenfeld wurde zu Königsbrunn, königl. Evang. Dekanat Augsburg, der Neubau einer evangelischen Kirche begonnen." Die Pläne der Kirche stammen vom königlichen Bauingenieur Lorenz Hoffmann und der Bau wurde durch Maurermeister G. Schneller und Zimmermeister Philipp Schelter, beide aus Augsburg, ausgeführt. Da die Arbeiten ohne größere Unfälle und Verzögerungen zügig von statten gingen, konnte das Gotteshaus bereits am 24. Juni 1861, einem Montag feierlich eingeweiht werden. So wurde die Kirche am Tag des Heiligen Johannes gesegnet und dem Schutz Johannes des Täufers anvertraut.

Für die Ausstattung der St. Johanneskirche erhielt die Gemeinde viele Zuwendungen. Die Kanzel wurde von dem Maurermeister Schneller und der Taufstein von den Bierbrauereheleuten Andreas und Barbara Wittich aus Augsburg gestiftet. Der Altar mit dem Altarbild: „Christi Himmelfahrt" von Ferdinand Wagner (1819–1881) war eine Spende, der evangelischen-lutherischen

Der Taufstein wurde von Andreas und Barbara Wittich gestiftet.

124 Die Kirche Sankt Johannes

Der silberne Kommunionkelch von 1861, gestiftet von der Augsburger Weberinnung.

Kirchengemeinde Augsburg zur Weihe der Kirche. Zwei Ölfarbendruckbilder des Reformators Martin Luther und seines Mitstreiters Philipp Melanchthon, sowie der silberne Kommunionkelch wurden von der Weberinnung Augsburg gestiftet. Der Kelch erinnert an die Hunnenschlacht im Jahr 955.

Die erste Orgel in der St. Johannes Kirche wurde im Jahr 1861 vom Orgelbaumeister Friedrich Steinmeyer aus Öttingen erbaut. Sie hatte 11 klingende Register auf einem Manual und Pedal. Im Jahr 1920 wurde die Orgel auf 22 Register, verteilt auf zwei Manuale und Pedal, erweitert. 100 Jahre nach dem Orgelbau wurde sie dann im Rahmen einer Kirchenrenovierung umgebaut. Dem damaligen Zeitgeschmack entsprechend wurde das Klangbild der romantischen Orgel barockisiert. Doch der Zahn der Zeit nagte an dem Klangkörper so das 1993 der Landeskirchendirektor die Orgel „für hauptamtliche Kirchenmusiker als unzumutbar" befand. Deshalb vergab der Kirchenvorstand noch im gleichen Jahr, trotz der bestehenden Belastungen für das neue Gemeindezentrum, den Auftrag für eine neue Orgel an die Firma Orgelbau Link. Die Lieferzeit betrug mehr als zwei Jahre. Dabei wurde lediglich die Orgel neu gebaut und das alte Gehäuse belassen. Die neue Orgel erklang erstmals 1996 in St. Johannes.

Drei Glocken wurden ursprünglich für St. Johannes angeschafft. Dabei wurde die kleine Glocke vom Kolonist und Kirchenvorstand Jakob Wahl gestiftet. Sie waren in C-Dur harmonisiert. Auf der großen Glocke war ein Kruzifix eingegossen und die Inschrift „Verkünde laut den Bund der Taufe, ruf uns zu Kirch und Unterricht und töne, wenn in unserm Laufe der Pilgerstab am Grabe bricht." Im Ersten Weltkrieg musste die Gemeinde die beiden kleineren abliefern, die erst 1924 durch zwei neue ersetzt werden konnten. Und auch 1942, im dritten Jahr des 2. Weltkrieges, wurden wieder Glocken beschlagnahmt. So durfte die evangelische Kirchengemeinde diesmal nur die kleinste behalten. Allerdings kehrte die Größte am 28. Oktober 1947 durch einen glücklichen Zufall nach Königsbrunn zurück. Nur vier Tage vorher am 24. Oktober 1947 erhielt die katholische Kirchengemeinde vom Ordinariat die Nachricht, dass ihre Glocke an der Sammelstelle bei der Augsburger Lokalbahn abzuholen sei. Gleich machte sich eine kleine Schar mit dem damaligen katholischem Pfarrer Weizenegger auf den Weg nach Augsburg, wo sie aber eine herbe Enttäuschung erleben musste: Es handelte sich zwar um eine Königsbrunner Kirchenglocke, allerdings stammte sie nicht von St. Ulrich sondern von der evangelischen St. Johanneskirche. Dennoch war die Freude über die Glockenrückkehr bei allen Königsbrunnern groß. Alleine die Tatsache, dass sie nicht zu Kriegszwecke eingeschmolzen wurde, war ein gutes Zeichen. Dieses Schicksal erlitt sie dann aber in Friedenszeiten. Da es zu schwierig war, neue Glocken auf die Alten klanglich abzustimmen, musste ein ganz neuer Glockensatz her. Wieder wurde die kleinste von einem Gemeindemitglied gestiftet. Sie kam vom Gutshofbesitzer Emil Schwarz und seiner Frau Thekla, die bereits im Jahr 1931 der Kirche einen prunkvollen Abendmahl-Kelch schenkten. Am 8. November 1953 wurden die vier neuen Kirchenglocken

Feierliche Glockeneinholung der vier neuen Glocken für die Kirche St. Johannes am 8. November 1953.

für die St. Johanneskirche durch Dekan Dr. Lindenmeyer geweiht und ein neuer eiserner Glockenstuhl wurde angeschafft. Die größte Glocke (858 kg), die Ruferin zum Gottesdienst hat die Aufschrift: „O Land. Land. Land höre des Herrn Wort". Die Gebetsglocke ist mit 474 kg schon deutlich kleiner und hat die Inschrift „Wachet und Betet". Die Totenglocke hat ein Gewicht von 338 kg, mit den Worten „Sei getreu bis an den Tod, so will ich dir die Krone des Lebens geben". Und die kleinste im Quartet ist die Taufglocke (206 kg) mit den Bibelworten „lasset die Kindlein zu mir kommen". Die Kirchenglocken von St. Johannes sind nicht nur in sich harmonisch, sondern sie wurden auch mit den Glocken der katholischen Kirche Zur göttlichen Vorsehung abgeglichen. So herrscht im gesamten Süden von Königsbrunn ein harmonisches Glockengeläut. Heute kann man im Eingangsbereich der Kirche noch die Löcher für die Glockenseile sehen. Jeden Tag um sechs in der Früh läutete der Mesner die Glocken und zog mit einer Winde die Gewichte der Kirchturmuhr auf. Erst 1960 wurde seine Arbeit mit dem Einbau eines elektri-

Der Glockenstuhl.

schen Glockengeläuts erheblich erleichtert und auch die Uhr entspricht der heutigen Zeit: elektrisch betrieben und per Funk geregelt. Die Turmuhr wurde erst 1864 eingebaut, wobei sie zu dieser Zeit schon einige Jahre auf dem Buckel hatte. Denn 1863 bat die Königsbrunner Kirchengemeinde die protestantische Kirchenverwaltung in Augsburg ihnen die außer Gang gesetzte Uhr der evangelischen Pfarrkirche St. Ulrich schenkungsweise zu überlassen. 1864 wurde die Uhr dann im Turm von St. Johannes eingebaut. 1878 wurde sie dahingehend umgebaut, dass sie nicht mehr zweimal, sondern nur noch einmal täglich aufgezogen werden musste. Diese Uhr wurde 1913 durch eine neue ersetzt.

Mehrfach wurde die St. Johanneskirche seit ihrer Erbauung renoviert. Zuerst entstanden 1929 die Wandgemälde von Otto Michael Schmidt. Für das Ge-

Der Kirchenraum nach der Innenrenovierung von 1983.

Das Wandgemälde entstand 1929 von Otto Michael Schmidt, um 1950.

mälde hinter dem Altar mauerte man das farbige Westfenster im Chorraum des Kirchenschiffes zu. Anlässlich der 100-Jahr-Feier wurde die ganze Kirche 1960 hell gestrichen und die verbleibenden farbigen Chorfenster durch weiße ersetzt. Erst bei den Renovierungsarbeiten 1983, als man das Gemälde hinter dem Altar entfernte wurde das farbige Westfenster überraschender Weise wieder entdeckt und

renoviert. Jetzt wurde die Kirche innen auch wieder in den ursprünglichen Farben gestrichen. Bei den umfassenden Innen- und Außenarbeiten an der Kirche gestaltete man auch den Kirchenvorplatz neu. Herausragend ist dabei der St.-Johannes-Brunnen. Er ein Werk des Augsburger Bildhauers Theo Bechteler (1903–1993). Dabei war es dem Künstler wichtig, dass Josefs rechter erhobener Zeigefinger nicht mahnt, sondern zum Himmel zeigt aus dem bei der Taufe Jesus Gott-Vaters Stimme vernommen wird „Dies ist mein lieber Sohn, an dem ich Wohlgefallen habe, den sollt ihr hören."

Die letzten Renovierungsarbeiten an der Kirche erfolgten 2005 und 2006. Im ersten Jahr musste der Kirchturm runderneuert werden. Die Terrakotta-Gesimse waren verwittert, die Fugen des Mauerwerkes brüchig und einige Ziegel beschädigt. Zudem mussten Dachschindeln ausgetauscht werden.

Die Kirche Sankt Johannes

Bei den Arbeiten ging man mit größter Vorsicht zu Werke, um die denkmalgeschützte Kirche nicht weiter zu beschädigen. Im Jahr darauf wurden die gleichen Arbeiten am Kirchenschiff ausgeführt, dass aber nicht so schlimm wie der Glockenturm geschädigt war.

Älter als das Gotteshaus ist der westlich davon gelegene Gottesacker. Der protestantische Friedhof wurde bereits 1848 angelegt. Dafür zweigte man ein Stück vom Schulgrundstück ab. 1910 wurde er um das Doppelte vergrößert und dreizehn Jahre später am 1. Juni 1913 wurde das Leichenhaus eingeweiht. Die letzte Fahrt der Verstorbenen ging mit dem Pferdeleichenwagen.

Die Aussegnungshalle.

Der evangelische Pferdeleichenwagen, um 1970.

Die Pferde hatten schwarzes Zaumzeug und eine schwarze Fransendecke, wodurch das Gespann sehr würdevoll aussah. Wenn der Pferdezug losfuhr, um den Verstorbenen abzuholen, begleitete den Zug die Glocke von St. Johannes bis der Tote auf dem Friedhof eintraf. Erst ab Sommer 1968 wurden die Verstorbenen mit einem Leichenauto überführt. Ein Kuriosum stellt die Aussegnungshalle des Gottesackers da. So ist in dem Gebäude eine Wohnung untergebracht. Ursprünglich sollte sie der Familie des Friedhofsgärtners zur Verfügung stehen. Das war aber bei den Ehefrauen der Gärtner nicht immer beliebt, zumal die Wohnung nur von Friedhofsseite aus betreten werden konnte. Deshalb wird die Wohnung jetzt an unerschrockene Mitbürger vermietet. Bei der letzten Renovierung wurde der Hauseingang dann auch nach Westen, außerhalb des Friedhofes verlegt. Während dieser Arbeiten 2001 renovierte man auch die Aussegnungshalle aufwendig. Dabei hat man den alten Schriftzug über dem Eingang erhalten: „Christus ist unser Leben und Sterben mein Gewinn". Das Kreuz darunter wurde neu vergoldet und auch erhielt das Haus einen so genannten

Schneewittchensarg, in dem der Holzsarg mit dem Verstorbenen im Sommer kühl gehalten werden kann. Am Osteingang des Friedhofs erinnert ein Grabstein an die beim schweren Luftangriff am 4. November 1944 ums Leben gekommene Familie Schwarzbeck/Herget. Michael Schwarzbeck und seine Frau Karoline, sowie deren Töchter Erna und Lina Herget starben in ihrem selbstgebauten Bunker. Nur der Sohn Hans Herget überlebte leicht verletzt.

Eine wichtige Rolle für das kirchliche Leben in Königsbrunn spielte schon frühzeitig der Gemeindesaal. Der erste Gemeindesaal, eine ehemalige Geschützremise des Fliegerhorstes Lagerlechfeld, wird 1934 westlich der Johanneskirche errichtet. Die Halle wurde anlässlich von Abbrucharbeiten auf dem Fliegerhorst erworben. In Gemein-

Auszug der Konfirmanden von 1954 mit Pfarrer Wilhelm Günzel aus dem evangelischen Gemeindesaal.

schaftsarbeit wurde sie von vielen freiwilligen Helfern dort abgebaut, nach Königsbrunn transportiert und westlich der Kirche wieder aufgebaut. Zu Erntedank konnte der neue Saal eingeweiht werden. Nach dem Krieg nutze man den Gemeindesaal als Notunterkunft für Heimatvertriebene und Flüchtlinge. Der ehemalige Kirchenvorstand Walter Seckler kann sich noch gut daran erinnern, wie die Flüchtlinge damals vor der Unterkunft mit einfachen Mitteln kochten: von den Amerikanern ausrangiert alte Metallkanister wurden notdürftig aufgesägt und als Feuerstelle verwendet. Der alte Gemeindesaal wurde mehrfach renoviert und modernisiert. Zuerst 1952 und dann 1966, als man Trennwände einzog, eine neue Beleuchtung installierte und den Ofen durch eine Heizung ersetzte. 1992 war der alte Gemeindesaal wieder dringend renovierungsbedürftig. Die Heizung war oft defekt und auch sonst wies er mehrere Mängel auf. So entsprach er auch nicht mehr den Brandschutzbedingungen. Deshalb wurde der alte Saal 1992 abgerissen und an gleicher Stelle mit dem Bau des neuen Gemeindezentrums St. Johannes und des Kindergartens Arche Noah begonnen. Im Dezember 1993 konnte das neue Gemeindezentrum eingeweiht werden. Durch seine

Das neue Gemeindezentrum, 2007.

schwungvoll gewölbte äußere Form hat das Zentrum ein einladendes Wesen, das den Menschen zeigen soll, dass sie hier willkommen sind.

Mit dem Bau des Gemeindezentrums war auch der Neubau des Kindergartens Arche Noah verbunden. Zu dieser Zeit fehlten in der Stadt noch viele Kindergartenplätze, so dass ein zusätzlicher Kindergarten dringend nötig war. Schon lange gab es den evangelischen Kindergarten St. Johannes. Zunächst als Kindergarten der Landeskirchlichen Gemeinschaft, einer Untergliederung der evangelisch-lutherischen Landeskirche gegründet, war er der erste Kindergarten der Stadt. Heute ist er noch in der Heimgartenstrasse in der er 1967 zog. Vorher beherbergte das Gebäude die Stadtverwaltung. Als diese mit der Stadterhebung in das neue Rathaus zog, konnte Schwester Emilie mit ihren gut 200 Kindergarten-Kindern von der Von-Eichendorff-Straße in das ehemalige Rathaus einziehen.

Zu den Gemeindegebäuden rund um St. Johannes gehören auch das erste Pfarrhaus, das 1867 nördlich der Kirche entstand und heute das Pfarrbüro beherbergt, sowie das 1965 in der Friedhofstraße erbaute neue Pfarrhaus. Ferner fand auch im heutigen Cafe Mozart ein Stück Kirchenleben statt. So entstand 1846 südlich von St. Johannes die erste evangelische Schule. Früher war im hinteren Saal des Gebäudes ein Schulsaal und oben lagen die Rektoren- bzw. Lehrer-Wohnungen. Im Krieg wurden dort evangelische und katholische Schüler zusammen unterrichtet. Später stellte man das Gebäude als Flüchtlingswohnungen zur Verfügung. Neben dem Cafe befindet sich heute dort die Beratungsstelle des Diakonischen Werkes Augsburg.

In der Geschichte der Evangelisch-lutherischen Kirchengemeinde entstand eine ganze Reihe von Chören. Bereits im Jahr 1920 gab es einen Frauenchor, die Singmädle, aus dem sich im Jahre 1949 der Kirchenchor bildete. Dem Kirchenchor konnten sowohl Männer als auch Frauen beitreten. Am 10. Januar 1933 wurde der Evangelische Posaunenchor unter Vorstand Pfarrer Ernst Kleemann und Chorleiter Georg Strehle gegründet. Und 1995 wurde der Gospelchor Königsbrunn ins Leben gerufen, der seine Anfänge im Martin-Luther-Haus hatte.

Der Gospelchor, 2006.

Das Martin-Luther-Haus

von Marion Kehlenbach

Bereits im Jahr 1970 hat Pfarrer Günzel das Grundstück an der Donauwörther Straße gekauft, denn die Gemeinde wuchs und der Bedarf für ein weiteres Gemeindezentrum im Norden der Stadt war groß. Bevor das Gemeindehaus und das Pfarrhaus gebaut wurden, bezog die Kirchengemeinde in der Anlage Donauwörtherstraße 12 a Wohnungen. Pfarrer Wild und seine Familie fanden dort eine Bleibe und im unteren Stockwerk fanden Gemeindeaktivitäten statt. So war dort das Pfarrbüro eingerichtet und die Konfirmanden erhielten in diesen Räumlichkeiten Unterricht. Aber auch der Bastelkreis unter der Leitung von Pfarrfrau Inge Wild hatte dort seine Anfänge. Um im nördlichen Königsbrunn eine evangelische Begegnungsstätte zu schaffen, entschloss sich der Kirchenvorstand zum Bau eines Gemeindezentrums. Das Zentrum ist den Reformatoren Martin Luther und Philipp Melanchthon, nach dem der Brunnen genannt wurde, gewidmet. Baubeginn für das neue Gemeindezentrum – nach Plänen des Architekten Professor Ulf Linke – war 1980. Und am 12. Dezember 1980 konnten die Gemeindemitglieder Heb-auf feiern. Oberkirchenrat Rupprecht weihte am 1. November 1981 gemeinsam mit den Königsbrunner Pfarrern Purrer und Wild das Zentrum glanzvoll

Die Westansicht des Martin-Luther-Hauses, um 1982.

ein. Zu dieser Feier waren auch viele Vertreter anderer Konfessionen und viele Stadträte gekommen. Pfarrer Reinhard Wild wurde der erste Pfarrer im Martin-Luther-Haus.

Das Martin-Luther-Haus ist ein Gemeindezentrum, in dem auch regelmäßig Gottesdienst gehalten wird. Der Gebetsraum ist überwiegend mit massiven Hölzern gestaltet. Links an

Linoleumschnitt „Kreuz" von Friedrich Kuhn.

Der Kircheninnenraum, um 1990.

der Wand hängt ein großes Holzkreuz und der Altartisch ist aus dem gleichen Holz wie der Boden. Die kupferne Schale des Taufbeckens liegt in einem Holzständer. Im Foyer des Hauses hängt ein Bild des Reformators und Namensgeber Martin Luther. Vom Königsbrunner Künstler Friedrich Kuhn wurden vier

Linoleumschnitte gestiftet: zwei Schwarz-Weiß-Bilder mit den Namen „Kreuzigung" und „Kreuziget ihn" sowie die beiden Farbbilder „Kreuz" und „Pfingsten". Die Orgel im Martin-Luther-Haus wurde im Jahre 1989 von der Firma Schmidt aus Kaufbeuren mit mechanischer Spiel- und Registertraktur erbaut und installiert. Der Brunnen vor dem Haus ist Luthers Weggefährten und Schützling Philipp Melanchthon gewidmet. Geschaffen wurde der Melanchthon-Brunnen von dem Augsburger Bildhauer Sepp Marstaller. Er stellt eine weiße Tulpe dar und wurde am 29. Oktober 1982 eingeweiht. In dem Gemeindezentrum ist auch die Pfarrbücherei untergebracht.

Mit dem Martin-Luther-Haus hat die evangelisch-lutherische Kirchengemeinde ein weiteres Zentrum bekommen, in denen die Menschen die Möglichkeit haben, zusammenzukommen, Gespräche zu führen und Gottesdienste zu feiern. Und das Martin-Luther-Haus stand von Anbeginn im Zeichen von gelebter Ökumene. So zog bereits ein Jahr nach der Einweihung die katholische Kirchengemeinde Maria unterm Kreuz mit Pfarrer Anton Siegel als Gast in das evangelische Gemeindezentrum ein. Ab dem 24. Oktober 1982 hielten die Katholiken im Martin-Luther-Haus regelmäßig Gottesdienste ab. Elf Jahre blieben die Untermieter, bis am 28. November 1993 die neue Kirche Maria unterm Kreuz fertig wurde. In einem feierlichen Umzug zog die katholische Kirchengemeinde im Beisein von Bischof Viktor Josef Dammertz vom Martin-Luther-Haus zur neuen Kirche. Die katholischen Gäste hatten ein goldenes Kreuz, das sie bei ihrem Umzug natürlich mitnahmen. Aber mittlerweile hatten sich die evangelischen Gemeindemitglieder so an das Kreuz gewöhnt, dass sie es vermissten und später ein ähnliches für ihren Gebetssaal anschafften.

Auch die Ökumenische Kinderbibelwoche hatte im Martin-Luther-Haus ihre Anfänge. Ins Leben gerufen wurde sie 1983 von Diakon Roland Sack. Im darauf folgenden Jahr war der katholische Pfarrer Siegel zu Gast und bereits ein Jahr später beteiligte sich Maria unterm Kreuz an der Bibelwoche. Bis 1993 fand die Veranstaltung mit knapp 100 Kindern im Martin-Luther-Haus statt. Danach wurden die Räumlichkeiten zu klein und die Gruppe wanderte ins Gemeindezentrum von Maria unterm Kreuz. Heute nehmen mehr als 200 Kinder im Grundschulalter an der ökumenischen Bibelwoche im Norden teil. Und sie hat schon weite Kreise gezogen, so beteiligt sich im Osten Sankt Ulrich an der ökumenischen Kinderbibelwoche und im Süden wird sie im Herbst durch die katholische Pfarrgemeinde Zur Göttlichen Vorsehung und im Gemeindezentrum Sankt Johannes angeboten. Die Kinderbibelwoche bietet den Kindern die Möglichkeit sich biblische Themen mit Theaterstücken, Gesang, Basteln, Gebeten und Gesprächen zu nähern.

Im Martin-Luther-Haus wurde auch der Gospelchor gegründet und hat hier geprobt, bis die Räumlichkeiten für die wachsende Gruppe zu klein wurden. Heute probt der Chor im Gemeindezentrum von St. Johannes. Und obwohl der Gospelchor zur evangelischen Kan-

Das goldene Kreuz schmückt den Gebetssaal erst seit neuerer Zeit.

torei gehört, ist er auch ein Beispiel für gelebte Ökumene. Seine Mitglieder kommen aus allen Konfessionen.

Eine wichtige Rolle für das Kommunikationszentrum Martin-Luther-Haus spielen die vielen Gruppen, die sich in diesem Haus regelmäßig treffen. Zu ihnen gehören unter anderem der Christliche Frauenkreis, der Senioren-Kreis, ein Tanzkreis und nicht zuletzt das Cafe Luther. Das Cafe Luther wird vom 1. Advent bis Palmsonntag nach dem Gottesdienst angeboten. Es bietet die Möglichkeit Pfarrer, Kirchenvorstand und andere Gemeindemitglieder kennen zu lernen. Es wurde 1998 von Pfarrer Singer ins Leben gerufen. Ferner gibt es im Martin-Luther-Haus die Möglichkeit an Glaubenskursen teilzunehmen und in Gesprächskreisen über Gott und die Welt zu reden.

So entstand aus der Ansiedlung der ersten protestantischen Siedler 1836 um die zwei Königsbrunnen in weniger als 150 Jahren die größte Evangelisch-Lutherische Kirchengemeinde im Dekanatsbezirk Augsburg.

Gabendekoration zum Erntedankgottesdienst.

Das Lechfeldmuseum

von Isabella Engelien-Schmidt

Dem damaligen Hauptschulrektor Karl Bauer war bewusst, dass Königsbrunn mit der Stadterhebung nicht nur seinen bäuerlichen Charakter verlieren, sondern dass der schnelle Strukturwandel auch den Verlust der Erinnerung an die Entstehung der Ortschaft bedeuten würde. Er wandte sich daher an Bürgermeister Friedrich Wohlfarth mit der Idee, dass die Gegenstände, die das frühere Leben in Königsbrunn repräsentieren, gesammelt werden müssten, bevor sie dem Altmetallhändler zum Opfer fallen. In der legendären Gemeinderatssitzung im Jahr 1966 bat der Bürgermeister Herrn Bauer in aller Öffentlichkeit „alles für die Darstellung der Heimatgeschichte irgendwie Wertvolle zu erfassen und zu sammeln, um es später vielleicht sogar in einem Museum der Nachwelt zu erhalten." So wurde Karl Bauer Museumsdirektor.

Geschmiedetes Werbeschild für das Lechfeldmuseum.

Er machte sich schnell auf die Suche nach erhaltenswertem Gut und trug – tatkräftig unterstützt von Margot Kunzi, der damaligen Stütze der Ortsbäuerin – zahlreiche Gegenstände zusammen, so dass die ersten beiden Museumsräume im Schulkeller bald zu klein wurden. 1973 plante Karl Bauer, das schnell wachsende Museum im ersten Siedlerhaus am Königsbrunnen unterzubringen. Doch das Haus war vollkommen baufällig und es stellte sich heraus, dass es kein Fundament besaß. Die ersten Siedler hatten die Mauern ihrer Häuser einfach auf dem Feld aufgesetzt.

Als der Erweiterungsbau der Hauptschule fertig war, bot der Bürgermeister Karl Bauer einen übergroßen Kellerraum mit niedriger Deckenhöhe und einem langen Gang an. Margot Kunzi, Elisabeth Christl und die Ortsbäuerin Lina Nieß, („die Nießbäuerin") halfen, wo sie nur konnten. Am 21. Juni 1974 konnte das Museum, jetzt schon mit mehr als 2.000 Exponaten bestückt, eingeweiht werden. Die Räume, die 1983 auf über 600 qm erweitert wurden, zeigen heute mehr als 5.000 Exponate.

Den Mittelpunkt des Museums bilden eingerichtete Räume mit Küche, Wohnzimmer, Schlafzimmer, Stadel und dem Fallklosett, die einem eingerichteten

Ein Hühnerstall.

Bauernhof vor 100 Jahren nachgebildet sind.

Im Eingangsbereich wird mit Hilfe von Modellen, wie dem Straßendorf um die Jahrhundertwende, die Geschichte Königsbrunns dargestellt. Der Altbauer Josef Fünfer hat dazu seinen Hof, der an der alten Hauptstraße – dort wo heute das Naturwissenschaftliche Museum Dr. Heinz Fischer steht – nachgebaut. Daneben findet sich ein Modell der Wiesen in den Lechauen. Um für den Winter genügend Viehfutter einlagern zu können, zogen die Königsbrunner bis nach Lagerlechfeld, wo sie die Wiesen des militärischen Exerzierplatzes mähen durften. Der Tuffsand, der nach den Überschwemmungen des Lechs auf den Feldern liegen geblieben war, wurde von den Siedlern gesiebt und bis in die 30er Jahre als Fegsand, Scheuersand, in der Stadt verkauft.

Ebenso beeindruckend sind die Leistungen der damaligen Postboten. Die „Post – Christel" trug zur Zeit des ersten Weltkrieges noch zweimal täglich die Post durch das lange Dorf und den Zipfel, so wurde „Russland" auch genannt, aus.

Modell von Königsbrunn als Straßendorf am Ende des 19. Jahrhunderts.

Da die eigene Kleidung, Tisch- und Bettwäsche, die Seile und Gurte weitgehend selbst hergestellt wurden, ist bis vor 100 Jahren auch hier Flachs angebaut worden. Die schwirigen und langwierigen Arbeitsschritte für das Fertigen von Stoffen lassen die ausgestellten Geräte gut nachvollziehen. Dieser Arbeit wurde in den Wintermonaten nachgegangen. Zum Fadenspinnen der Mädchen wurde Werg, der Flachsabfall, auf eine Gabel gesteckt. Wenn ein Bursche einem Mädchen eine geschnitzte Werggabel überreichte

Die Werggabeln.

und sie das Geschenk annahm, galt es als Verlöbnis und es hieß: „Er hat sich eine aufgegabelt."

Das von der Handarbeitslehrkraft Christine Kuhn liebevoll eingerichtete Handarbeitszimmer zeigt einen bunten Querschnitt der überaus vielfältigen Handarbeitstechniken, die vor hundert Jahren beherrscht wurden. Gerade der Unterschied zwischen dem mühseligen Leben in Königsbrunn und der Stadt wird hier deutlich. Handarbeit war in der Schule ein Hauptfach,

da die Mädchen ihre Aussteuer selbst zusammenstellen mussten. Je mehr Wäschestücke sie genäht hatten, umso größer war das Ansehen im Dorf. In der Schule wurden auf Musterstreifen die verschiedenen Näharten gelernt und später als Vorlage ein Leben lang zu Hause aufbewahrt. Da selbst Knöpfe handgenäht wurden, nutzten die Frauen neben ihrer ohnehin schon harten und schweren Arbeit jede freie Minute, um die Wäsche in Ordnung zu halten. Beliebt war die so genannte Stopfgeige, in der man senkrecht und waagerecht Fäden spannte. Das Netz konnte nun mit Füllstichen ausgearbeitet werden. Auch Tischdecken und Kissenhüllen entstanden auf diese Weise. Besonders aufwendig war die Taufkleidung. Die verzierenden Glasperlchen wurden eingestrickt, was hohe Konzentration erforderte.

Ein Taufhäubchen mit eingestrickten Glasperlen.

Das Lechfeldmuseum 137

Das Museum beherbergt auch eine der ersten „Waschmaschinen". Der Waschtag war gefürchtet, bedeutete er für die Frauen doch Schwerstarbeit. Die scharfe Lauge musste vorher angesetzt werden, die Wäsche wurde in Kesseln gekocht. Mit der Hand wurde sie auf der Wäscherumpel bearbeitet und wenn das nicht ausreichte, mit Kernseife und Bürste nachgearbeitet. Dann kam das Wringen, Trocknen, Bleichen und Glätten. Die „Waschmaschine" wurde in ein Wasserschaff gestellt.

Die erste Waschmaschine.

Eine kleine Holzwanne hing mit einer Achse in einer größeren. Das Wäschestück wurde zwischen beide Wannen gelegt. An der Achse saß ein langer Holzstiel, der mit geringer Kraft hin- und herbewegt wurde.

In dem von Christine Kuhn eingerichteten Trachtenzimmer findet sich ein Modell eines Brautwagens, den sie zusammen mit Walter Lechner hergerichtet hat. Traditionsgemäß wurde in Schwaben am dritten Wochentag, dem Dienstag, geheiratet. Der Wagen mit der Aussteuer der Braut wurde am Samstag vor der Hochzeit bestückt.

Die Hochzeitsvitrine mit einem evangelischen Brautkleid.

Dazu gehörten der Hochzeitsschrank mit der Wäscheaussteuer, Bett, Tisch, Kommode, die Wiege und das Spinnrad. Außen herum hingen die Töpfe und Pfannen, unten stand das Geschirr. Das ganze Dorf sollte sehen, wie vermögend die Braut war. Nach dem ersten Weltkrieg begannen die katholischen Mädchen „in Weiß" zu heiraten. Dagegen war es bis 1930 bei den Protestanten üblich, entweder Schwarz oder Tracht zu tragen. Das ausgestellte schwarze Seidenkleid hat breite Seitennähte, damit es anschließend zeitlebens als Festkleid getragen werden konnte. Oft wurden die Frauen auch in diesem Kleid beerdigt. Kurz vor Mitternacht fand die „Haubung" der Braut statt. Die Haare wurden mit Steckkämmen hochgesteckt und die Brauthaube aufgesetzt. „Sie ist unter die Haube gekommen", hieß es. Eine Besonderheit ist eine Goldhaube als Schwäbische Witwenhaube. Mit dem kleinen schwarzen Schleier zeigte die Trägerin an, dass sie wieder heiraten wollte. Eine eigene Königsbrunner Tracht konnte sich in Königsbrunn nicht entwickeln. Die Siedler brachten ihre Festtrachten aus ihrer Heimat mit und haben sie oft aus Armutsgründen bis an ihr Lebensende getragen.

Interessant sind auch die Flohfallen. Da es vor 100 Jahren an Waschgelegenheiten mangelte, und die Menschen auf Strohsäcken schliefen, wurden sie häufig von Flöhen gepeinigt. Die Frauen trugen deshalb gern solche Flohfallen, kleine hölzerne Schraubdöschen, die mit in Rizinusöl getränkten Wollfäden gefüllt waren. Abends wurde die Döschen dann über dem Feuer ausgeleert.

Einen weiteren Höhepunkt des Museums bilden die bäuerlich eingerichteten Stuben aus den ersten beiden Jahrzehnten des 20. Jahrhunderts. In der Küche standen damals neben dem Küchenherd die Reisigkiste mit einer Waschschüssel und eine Anrichte. Der Herd wurde auf dem Lechfeld meist mit dem Reisig, dass der Lech angeschwemmt hatte, beheizt. Über dem Herd befand sich eine Stange, über der die Wäsche trocknen konnte. Zur optimalen Wärmenutzung reichten die Töpfe bis in das Feuer hinein. Warmes Wasser gab es im Haus nur aus dem Schiffchen im Herd. Die Küchengeräte wurden weitgehend selbst hergestellt. Für den Schneebesen wurden Heckenzweige geschnitten, die durch den Eischnee elastisch wurden und lange hielten. Der Lebensmittelpunkt des Hauses aber war die Eckbank in der Küche, an der sich die Familie zu den Mahlzeiten und abends zu den Handarbeiten traf.

Die Kücheneckbank mit Heizquelle.

arbeiten traf. Das Essen war karg, die Siedler aßen hauptsächlich Mehlspeisen, die aus einem Topf gegessen wurden. Es ging damals sehr rau zu. Wenn der Bauer den Löffel beiseite legte, war die Mahlzeit beendet. Geschirr gab es damals nur zum Auftischen. Erst in den 30er Jahren kamen die Tellerbänke in Königsbrunn auf. Wenn sich eine Familie endlich Teller leisten konnte, wurden sie stolz in das Regal gestellt.

Eine Besonderheit ist eine glasierte Steingutschüssel vom Ende des 19. Jahrhunderts. Prinzregent Luitpold, der sich von einem Münchner Wirt wöchentlich einen Kranz hausgemachter Würste

Das Lechfeldmuseum 139

bringen ließ, wurde zu seinem siebzigsten Geburtstag von diesem mit einer bunten Schüssel überrascht. In ihrer Mitte lag eine schöne „Blunzen", garniert mit Blut- und Leberwürsten. Auf der beiliegenden Karte stand: „Was die Blunze unter den Würsten, das bist Du unter den Fürsten!" Der humorvolle Prinzregent schickte die Schüssel mit saftigen Birnen und dem Spruch zurück: „Was der Arsch unter den Gesichtern, das bist Du unter den Dichtern."

Die gute Stube.

Eine Tellerbank, in der Mitte die glasierte Wurstschüssel für den Prinzregenten Luitpold.

Die Wurstschüssel schenkte der Wirt später seinem Königsbrunner Gesellen und so fand sie ihren Weg ins Museum.

Zu einer richtigen Bauernstube, die meist nur am Sonntag oder an besonderen Festtagen genutzt wurde gehörten der Hochzeitsschrank, ein Canapé, eine Vitrine, um stolz seine Kostbarkeiten zu zeigen, ein Ofen und ein Tisch, an dem die Familie Kaffee trank. In diesem Fall hat das Kaffeegedeck keine Teller, da man damals nur Plätzchen aß. Ebenfalls gehörte das Fliegenglas auf den Tisch, um den lästigen Tiere wenigstens in diesem Raum Herr zu werden.

Die Betten der Schlafstube stammen vom Fohlenhof. In den Anwesen waren die Betten meist einfacher und nicht bunt bemalt. Da die Schlafstuben, die unter dem Dach lagen, damals nicht beheizt werden konnten – durch eine Öffnung im Boden zur Küche konnte zwar die Luft etwas überschlagen werden – herrschten in den Frostnächten oft Minustemperaturen. Die Matratzen bestanden aus gut isolierenden, aber stechenden Strohsäcken. Auch die Bettdecken waren nicht mit Daunen gefüllt. Sie hatten eine Grasfüllung die erst nach und nach, je nachdem wie viel Federvieh man hatte, mit Federn gefüllt wurden. Oft wurden die Betten mit heißen Steinen vorgewärmt. Wichtig war auch der Nachttopf, damit man nachts nicht in der Dunkelheit und bei klirrender Kälte über den Hof zum Plumpsklo, das nahe am Misthaufen stand, gehen musste. Die Leerung war morgens wiederum eine Aufgabe der Kinder. Der Waschtisch mit den Waschschüsseln und den Krügen erinnert daran, dass das Wasser mühsam von den Pumpbrunnen geholt werden musste. Erst in den 50er Jahren wurden die ersten Anwesen an die Wasserversorgung angeschlossen. Deshalb war der samstägliche Badetag ein besonderes Ereignis. Das Vergnügen einer ordentlichen Körperreinigung blieb jedoch nur dem Ersten, der in die Wanne ging, vorbehalten und das war meist der Bauer. Da alle Familienmitglieder nacheinander in die Wanne stiegen, war das Wasser sehr schnell eine unangenehme Brühe.

In einem nachgebauten Stadel sind neben vielerlei bäuerlichem Gerät und den Imkereigerätschaften die Funktion der unterschiedlichen Mausefallen von Interesse. Weil Mäuse die Nahrungsmittelvorräte durch ihren Kot und Urin stark verunreinigten und sich sehr stark vermehrten, wurde eine Vielzahl von Fallen erfunden. Neben Lebendfallen, die sich oft als wirkungslos erwiesen, waren einfach konstruierte Schlagfallen sehr beliebt. Bei der Dachplattenfalle löste die Maus durch das Rütteln am Futter den Spieß, der die Platte aufspannte und wurde erschlagen. Ebenso erschlug ein schwerer Holzklotz, der über einem Kästchen, in das das Lockfutter auf ein lockeres Hölzchen gelegt wurde, die Maus, da sie es beim Betreten herunterdrückte und das Spannhölzchen herausfiel. In ganz Europa erfreuten sich die Astfallen großer Beliebtheit. In den ausgehöhlten Ast wurde der Köder hinein geschoben. An einer einfachen Feder, die mit einem Faden heruntergebunden wurde, der senkrecht durch den hohlen Ast führte, war eine Schlinge befestigt. Biss die Maus den Faden durch, um an das Futter zu gelangen, wurde sie von der Drahtschlinge erdrückt.

Königsbrunn hatte fünf Käsereien. Die letzte war die Neuhauskäserei, die 1982 geschlossen wurde. Morgens und abends musste die Milch zur Käserei gebracht werden, was meistens die Frauen und Kinder machten. Gleichzeitig war die Käserei der Treffpunkt der Königsbrunner, wo sie untereinander wichtige Neuigkeiten austauschen konnten. Deshalb ging man jeweils gewaschen und gekämmt, mit sauberen Schürzen dorthin.

Auch der Schule ist im Museum ein Platz gewidmet. Besonders für die kleinen Kinder aus dem Königsbrunner

Die Astfallen.

„Zipfel" war der Schulweg sehr mühsam. Sie liefen die drei bis vier Kilometer zu Fuß, da nur wenige ein Fahrrad besaßen. Im Winter trafen sich die „Zipfler-Kinder" bei schlechtem Wetter an der Oberen Käserei beim Jägerhaus. Abwechselnd fuhren zwei Bauern die Kinder von dort mit einem Schlitten, „der immer zu klein war", zur Schule. Sie durften sich dann am Ofen aufwärmen. Im Winter hatten die Kinder vor- und nachmittags Unterricht. Im Sommer war der Unterricht mittags beendet, da die Kinder auf den Höfen mithelfen mussten. Schon vor Schulbeginn hatten sie zu Hause erste Arbeiten verrichtet. Nur die Schulpflicht hielt viele Kinder vom Arbeiten während der Schulzeit auf den Höfen ab.

Die Schulstube.

Geschrieben wurde in den ersten Schuljahren auf der Schiefertafel mit einem Griffel. Mit einem Schwamm konnte die Schrift wieder gelöscht werden. So wurde teures Papier gespart. Mit Tusche und Feder wurde erst geschrieben, wenn die Schrift ordentlich beherrscht wurde. Da stets mehrere Jahrgänge miteinander unterrichtet wurden, mussten die Schüler häufig mit Stillarbeit beschäftigt werden und lernten die Sütterlin-Schrift so perfekt, dass auch heute noch die Schrift alter Menschen gut lesbar ist. Das Wandkreuz stammt noch aus der 1846 eröffneten ersten Katholischen Schulklasse in der Königsbrunner Gemeinde. Fast ebenso alt ist die Stecktafel. Nicht nur Religion, Lesen, Rechnen und Schreiben waren wichtige Fächer, ebenso Handarbeit und Werken. An der Wand hängt noch ein hölzerner Schulranzen aus dem 19. Jahrhundert, in dem die Schreibtafel und das kostbare Lesebuch Platz fanden. Erst später kamen die bequemeren ledernen Schulranzen auf. Die Mädchen hatten einen Verschluss in der Rückseitenmitte, die Klappen der Jungenranzen wurden ganz heruntergeklappt.

Eine Vielzahl von bäuerlichen Arbeitsgeräten im Museum lässt die damalige Arbeitswelt auf dem Land lebendig werden. Vom einfachen Pflug, über den Unterdreh- oder auch Einradpflug bis zum Pferde-, Häufel- und Hackpflug reichen die Gegenstände. Allein Längs- bzw. Bifanegge, zweiteilige Ackeregge, Wiesenegge, einfache Ackeregge und ein Kultivator zeigen auch in diesem Arbeitsbereich eine überlegte Anwendung.

In der religiösen Abteilung des Museums befinden sich einige Rosenkränze, die meist als Brautgeschenke dienten. Hervorzuheben ist hier besonders das

Ein handgeschriebenes Gebetbuch.

Gebetbuch der Familie Röttinger. Die beiden handschriftlichen Exemplare von 1773 und ein weiteres, an dem vier Generationen von 1803 bis 1831 schrieben, stammen aus der Umgebung. Die von den Familien selbst in mühevoller Arbeit hergestellten Hausaltäre standen früher in jedem größeren Hof. Man verrichtete dort Gebete, aber auch Maiandachten. Die notwendige Ausstattung wie Leuchter konnten auf dem Jahrmarkt oder auf Wallfahrten erworben werden. Der tiefe Glauben half damals den Menschen ihr hartes und entbehrungsreiches Leben besser durchzustehen. Der prunkvolle Rokoko-Madonnenaltar mit vergoldetem Schnitzwerk stand über zweihundert Jahre als Hausaltar bei einer Augsburger Familie. Fast alle Einzelstücke der aus einem weiten Umkreis zusammengetragenen Sammlung, bestehend aus religiösen Exponaten von der Kloster- bis zur Volkskunst, haben eine besondere Geschichte. Das kunstvolle Steckkreuz ist eine Arbeit eines russischen Kriegsgefangenen, der 1943 in der Nähe des alten Wasserhauses zu Hilfsdiensten eingeteilt war. Er schnitzte es mit dem Taschenmesser und tauschte es gegen einen großen Laib Brot und ein Stück Räucherfleisch. Das „Hungerkreuz" stand jahrelang in der guten Stube eines Königsbrunner Bauern.

Das Hungerkreuz, eine Schnitzarbeit eines russischen Kriegsgefangenen im Zweiten Weltkrieg.

Unter den Krippen ist besonders die Reichenberger Weihnachtskrippe hervorzuheben. Diese seltene Papierkrippe besteht aus über 130 Figuren, die von mehreren Künstlern gemalt wurden.

Eine überraschende Vielfalt bietet das Spielzeugzimmer, das von dem ehemaligen Stadtschreiner Eduard Bengert und Christine Kuhn hergerichtet wurde. Die Geräte auf dem nachgebauten

Rummelplatz stammen hauptsächlich aus der Zeit von 1910 bis 1930. Nur wenige Spielzeuge kommen aus Königsbrunn selbst, da sie für die Kinder zu teuer waren. Das Spielzeug sollte die Kinder früher auf das tägliche Leben als Erwachsener vorbereiten. Deshalb gab es spezifisches Mädchen- und Jungenspielzeug. Besonders wertvoll ist eine Dampfmaschine, die ein Werkmeister von MAN 1870 für seinen Sohn baute. Sie ist ein Vorläufer des heutigen Traktors.

Die vielen Puppenstuben, -Küchen und -Läden lassen das Leben in der damaligen Zeit gut nachvollziehen, da sie zeitgemäß, stilgerecht, detailgetreu und vollständig für die Kinder eingerichtet waren. Die älteste hier ausgestellte Puppenküche stammt aus der Biedermeierzeit und hat seitlich eine Pumpe, mit der man das Wasser in ein Waschbecken in der Küche pumpen konnte. Der Herd ist mit kleinen Kohlestückchen beheizbar und auch hier reichen die Topfböden weit in den Herd hinein, um die kostbare Wärme auszunutzen. Fast zur gleichen Zeit entstand eine weitere Puppenstube, die das damalige städtische Leben zeigt.

In einer Stube um 1890 wurde ein „Wintergarten" nachgebaut; die hölzerne Standuhr ist aufziehbar. In der Backstube aus der Zeit um 1900 wird das Wasser am Ofen vorbeigeführt, damit warmes Wasser zur Verfügung stand. Eine Besonderheit ist auch die Nachbildung der Front des Lauinger Rathauses durch Manfred Centmayer.

Louise Sengel aus Bad Säckingen vermachte der Stadt Königsbrunn eine Sammlung von mehr als 300 Puppen, darunter Käthe-Kruse-, Schildkröten-

Eine Bauernpuppenküche um 1900.

Kostbare Armand-Marseille- und Heubach-Köppelsdorf-Puppen.

puppen, kostbare Armand-, Marseille- und Heubach-Köppelsdorf-Puppen, die die Entwicklung der Puppen von der Mitte des 19. Jahrhunderts bis heute nachvollziehen lassen. Leider waren die Puppen des 19. Jahrhunderts meist aus zu kostbaren Materialien und dienten mehr der Werbung für Modezwecke, als dass die Kinder mit ihnen spielen durften. Ab 1880 jagte jedoch eine Material- und damit Puppenneuheit die andere. Charakterpuppen lösten die stereotypen Gesichter der Porzellanpuppen ab. Um 1910 entstanden durch Käthe Kruse die ersten Babypuppen mit gebogenen Gliedern und die vielfältige Puppenindustrie nahm ihren Anfang. Wird der Wagen mit der Sitzpuppe geschoben, winkt sie huldvoll, sich drehend, nach beiden Seiten und es ertönt eine Melodie.

Die Vitrinen, in denen das Spielzeug für die Jungen präsentiert ist, wurden von dem Künstler Konrad Sailer gestaltet, so dass die Wägen und Gespanne in ihrem Umfeld gezeigt werden können. Manche Wägen funktionieren bis ins kleinste Detail, zwei Gespanne wurden so geschickt gefertigt, dass sich die Pferde wie in der Realität, im Kreuzgang bewegen. Von 1895 stammt das Modell einer mechanischen Werkstätte. Sie wurden früher mit Dampf- oder Wasserkraft angetrieben. Ein Wellenrad bewegt die Transmission. Von ihr liefen in der Realität Lederriemen, hier sind es Fäden, zu 16 verschiedenen Maschinen. Holz wird zersägt Fräse, Drehbank, Senkrecht und Vertikalbohrer rattern, heute dank Walter Lechner

auf Knopfdruck. Selbst ein Walzwerk und ein Schmied können betrachtet werden.

Ein Pferdegespann.

Unter den mechanischen Musikinstrumenten und Uhren des Museums ist besonders die Schwarzwälder Flötenorgeluhr hervorzuheben, von denen es in Deutschland nur noch wenige Exemplare gibt. Sie wurde um 1770 gebaut. Zum Stundenschlag konnte unter sieben verschiedenen Melodien gewählt werden, die sich aufgrund der zwei Manuale verdoppeln lassen.

Das Naturwissenschaftliche Museum

von Gotlind Blechschmidt

Das Naturwissenschaftliche Museum, Dr. Heinz Fischer wurde am 16. Juni 1981 eröffnet. In ihr sind die umfangreichen Sammlungen des freischaffenden Naturwissenschaftlers und Spezialisten für die Tierwelt Schwabens Dr. Heinz Fischer (1911–1991) ausgestellt – zwei Bilder des Forschers aus jungen Jahren sind im zweiten Ausstellungsraum gleich rechts neben der Tür zu sehen. Damals erfolgte ein Verkauf von 250.000 Objekten und 15.000 bearbeiteten Karteikarten an die Stadt Königsbrunn, davon ging später der größte Teil als Dauerleihgabe an das Naturwissenschaftliche Museum Augsburg. Es sind dies die Ergebnisse seiner 50jährigen teils weltweiten biologischen wie auch heimatkundlichen Forschungsarbeit. Daher vermittelt das Naturmuseum dem Besucher Eindrücke in die topographischen, geologischen und biologischen Verhältnisse entlang des Lechs, auch des Lechfeldes und der Königsbrunner Heide, geht aber mit einer großen Sammlung tropischer Schmetterlinge und anderer Insekten und Exponate auch „in die große weite Welt hinaus". Die Sammlung verteilt sich über Erdgeschoss, Treppenhaus und ersten Stock eines Gebäudes – an der Stelle befand sich der frühere „Haag-Hof" an der Bürgermeister-Wohlfarth-Straße 54.

Die Entwicklungsgeschichte des Lebens

Ein Rundgang durch das Museum beginnt üblicherweise in einem kleinen Raum an der Südseite des Hauses. Hier geben eine geologische Zeittafel und Bilder zusammen mit zahlreichen Fossilien ein anschauliches Bild von der Entwicklungsgeschichte der Erde und von Lebensbedingungen im schwäbischen Raum vor rund 200 bis 150 Millionen Jahren (Jurazeit des Mesozoikums) wieder. Ein Blick auf die Zeittafel macht klar, welche für menschliche Maßstäbe fast unvorstellbar lange Zeit seit dem Aufkommen der Einzeller im Präkambrium vergangen ist: mehr als

Das Gebäude des Naturwissenschaftlichen Museums in der Bürgermeister-Wohlfarth-Straße 54.

vier Milliarden Jahre! Die Entwicklung ging in der Tierwelt über das Aufkommen von Mehrzellern, Amphibien, Reptilien bis zu den Säugetieren inklusive des Menschen und in der Pflanzenwelt von einfachsten Gefäßpflanzen über Farne, Schachtelhalme bis zu den uns heute bekannten Vegetationsformen.

Fossilien sind Überreste von Tieren und Pflanzen der geologischen Vergangenheit. Entweder ist ihre ursprüngliche Form selbst erhalten, oder ihr Abdruck, oder auch fossile Lebensspuren. Nur die harten Teile von Tieren oder Pflanzen sind erhaltungsfähig, nicht aber die Weichteile. Beispiele für Fossilien sind die Ammoniten (Vitrine rechts neben dem Eingang) oder Belemniten (Vitrine rechts hinten). Belemniten stellen die wichtigste Gruppe fossiler Kopffüßer dar (Cephalopoda – wozu auch die Tintenfische gehören). Sie lebten vom Unterkarbon bis zum Ende der Kreidezeit, vor etwa 358 bis 65 Mio. Jahren, im Meer. Erhalten ist ihr „Rostrum", eine kalkige Spitze als Gegengewicht zum Auftriebskörper. Diese Spitze ermöglichte eine waagrechte Schwimmhaltung des Belemnitentiers. Wegen der Form des Rostrums werden Belemniten auch als „Donnerkeile" bezeichnet. Die Belemniten der Jurazeit wurden bis zu 50 Zentimeter lang. Ammoniten sind ebenfalls eine ausgestorbene Gruppe mariner Kopffüßer. Sie dienten von ihrem ersten Auftreten im Devon (vor 416 bis vor 359 Millionen Jahren) bis zu ihrem Aussterben am Ende der Kreide als Leitfossilien, an denen man eine relative Altersbestim-

Zahlreiche Fossilien, sogenannte Ammoniten, in einer Vitrine.

mung von Gesteinsschichten vornehmen konnte. Ammoniten lebten über einen Zeitraum von 350 Millionen Jahre. Das warme Wasser des Jurameers bot ihnen einen guten Lebensraum. Über 1.500 Gattungen mit etwa 30–40.000 Arten sind bekannt, meist in Zentimetergröße, aber auch bis zu zwei Meter groß. Die Schale der Ammoniten war in einzelne Kammern aufgeteilt. Diese konnten mit Gas gefüllt oder mit Wasser geflutet werden. Je nachdem stieg das Tier wie ein U-Boot nach oben oder nach unten. In der Fränkischen und Schwäbischen Alb sind sie immer noch zahlreich im Gelände zu finden, als Abdruck oder in ihrer ursprünglichen Form. Der Besucher wird in diesem Raum auch Reste von Seelilien bestaunen können, Meerestiere (Stachelhäuter), die meist an Treibhölzern angewachsen waren. Als Röhrenstücke sind Reste der „Arme" fossil erhalten geblieben.

Gesteine, Hölzer, Tiere

Im nächsten Ausstellungsraum wird zu Beginn eine Gesteinssammlung gezeigt. Gesteine bestehen aus Mineralien. Es gibt an die 2.000 Mineralien auf der Erde, aber nur 20 davon haben einen wesentlichen Anteil am Aufbau der Erdkruste. Exponate aus den drei Hauptgesteinsgruppen – Sedimentgesteine (Kalk, Dolomit, „Tropfsteine"), magmatische Gesteine (Granit), metamorphe Gesteine (Schiefer) – sind dort zu sehen. Besonders schön sind der Bergkristall, das gelbe Schwefelstück mit Calcit oder die Erze, wie Magnet-

Ein Schwefelstück mit Calcit.

kies, Kupferglanz, Wolfram und Antimon. An der hinteren Wand befindet sich eine Rarität: eine so genannte Holzbibliothek (Xylothek). Im Regal stehen an die 40 „Buchkassetten". Jedes „Buch" ist aus einer bestimmten Holzart gefertigt. Der Bucheinband ist aus dem Holz selbst, der Buchrücken mit der Rinde beklebt und beschriftet. Im Innern befinden sich die dazugehörigen Früchte, Samen, Blätter oder Blüten. Es handelt sich bei den Kassetten also um eine Art dreidimensionale Herbarblätter. Solche Holzsammlungen, „Bäume im Regal" gewissermaßen, gab es seit Ende des 18. Jahrhunderts und wurden in Anlehnung an die damaligen Naturalienkabinette „Holz-Cabinet"

Die Holzbibliothek (Xylothek).

genannt. Damit bilden diese Xylotheken ein wertvolles Zeitdokument über den Zustand, Zusammensetzung und auch die frühere Wahrnehmung der Wälder. In Deutschland sind nur an die zwei Dutzend solcher Holzbibliotheken bekannt.

In mehreren Schaukästen sind im Lechfeld heimische Tierarten ausgestellt, die früher dort vorkamen oder die es heute noch gibt. Fischadler (einer der letzten der Region, 1862 gefangen), Lechseeschwalbe oder Triel, die entlang

Eine heimische Tierart – der Fasan.

des Lechs ihren Lebensraum hatten; Rotmilan, Sperber, Fasan, Wanderfalke, Steinadler oder Bussard, der als heimischer Greifvogel hier nach wie vor häufig anzutreffen ist. Er mag offenes Kulturland und ist ein so genannter Standvogel, der das ganze Jahr im selben Gebiet verbringt. An der Wand hängt ein Fuchs, den es dank seiner hohen Vermehrungsrate auch noch zahlreich gibt. Sowohl die Steine als auch die Holzkassetten und die ausgestopften Tiere stellen hervorragende Schau- und Lernobjekte aus unserer Umwelt dar.

Leben mit dem Lech

Einen wichtigen Platz nimmt in diesem Raum außerdem das Thema „Lech" ein: der Lech als Landschaftsgestalter, Grenze, Lebensader und Wirtschaftsweg, aber auch als Zerstörer. Das „Pfingsthochwasser" von 1999 mag uns allen noch in deutlicher Erinnerung sein, als weite Bereiche Bayerns und Flächen an Lech und Wertach überflutet waren und von einem „Jahrhunderthochwasser" gesprochen wurde. Das Hochwasser von 1910 war aber noch höher als jenes von 1999 gewesen. Die Fotos im Museum sprechen eine deutliche Sprache. Der Hochablass in Augsburg konnte den Wassermassen damals nicht standhalten und wurde zerstört, 1914 wieder aufgebaut. Seitlich legte man noch eine „Floßgasse" an, um Flöße passieren zu lassen. Der Lech wurde nämlich ab Reutte auf 170 Kilometer mit Flößen befahren, er stellte eine regelrechte Transithandelsstrecke mit Warenverkehr aller Art (nicht zuletzt dem Holz selbst) dar. Bald nach dem Neubau des Hochablasses starb das Flößerhandwerk aber aus, Waren wurden nun per Zug oder Lkw transportiert. Ein Modell eines Floßes ist ausgestellt, nachgebaut vom letzten Flößer aus Lechbruck – und darunter hängt seine Flößertasche.

Floßmodell vom Flößer Knappich aus Lechbruck.

Der Mäusekrieg

1946 wurde an einem Haus in der Augsburger Peutingerstraße 5 eine Zeichnung (vermutlich von 1295) entdeckt, die von Heinz Fischer als Darstellung der „Mäusekrieg-Fabel" gedeutet, ab- und umgezeichnet wurde. In einer Fabel sprechen und handeln Tiere wie Menschen. Beim Mäusekrieg geht es um den Kampf der unterdrückten Mäuse (die Untergebenen) gegen die Katze (die Obrigkeit). Die Ausgebeuteten wehren sich immer wieder gegen ihre Ausbeuter, erzielen vorübergehend Vorteile, verlieren aber letztlich doch. Die Fabel verbreitete sich über einige tausend Jahre hinweg in der ganzen Welt. Heinz Fischer zeichnete einen „Stammbaum" und den Weg der

Nachbildung des Mäusekrieges.

Fabel durch Europa. Im Museum sind diese Exponate zu bestaunen.
Am Durchgang zum Neubau der Hauptschule Königsbrunn Nord gibt der Mäusekrieg als Wandmalerei immer noch ein originelles Bild und auch Stoff zum Nachdenken ab.

Historische Aufnahmen des Lechs

In diesem Raum wie auch im Treppenhaus beeindruckt weiterhin eine Sammlung von 60 historischen Schwarzweißaufnahmen des Lechs (von lat. „licus", der Schnellfließende), beginnend beim Quellbach nahe dem Formarinsee in den Lechtaler Alpen bis zu seiner Mündung in die Donau. Die Fotos wurden zwischen 1906 und 1955 aufgenommen und zeigen eine Flusslandschaft, die es heute in weiten Bereichen nicht mehr gibt. Die vielen Kiesbänke und Flussnebenläufe sind allesamt den Kanalisierungs- und Aufstaumaßnahmen am Lech zum Opfer gefallen. Andere Flussstrecken, zum Beispiel die große Lechschleife bei Schongau, sehen auch nach Jahrzehnten fast unverändert aus. Flussabschnitte mit Steilufer zeigen damals wie heute deutliche Abbruchsformen und Erosionsprozesse am Prallhang, Anlagerung von Schottern und Sanden am Gleithang. Auch die Königsbrunner Heide mit ihren Kieferwäldern und freien Trockenrasenflächen wird man auf einigen Fotos ähnlich wiederfinden, steht sie doch unter Naturschutz und wird gehegt und gepflegt. Man sollte sich aber vor Augen führen, dass sie erst durch menschliche Eingriffe, nämlich Rodungen, im Mittelalter entstanden ist.

Insekten über Insekten

Das obere Stockwerk ist mit seinen Exponaten ganz auf die Insektenwelt ausgerichtet. Im ersten Raum sind der Lebenszyklus eines Schmetterlings (Ei – Raupe – Puppe – Falter), einheimische Schmetterlinge (auch die für

Schaukasten mit tropischen Schmetterlingen.

Weibchen und Männchen unterschiedlichen Formen), Schädlinge, die „Seidenproduktion" durch Seidenspinner (in einem Kokon sind 300 bis 900 Meter Seide aufgewickelt) und schillernde Libellen ausgestellt. Libellen, die als einzige Insektenordnung die Flügel unabhängig voneinander bewegen können. Der „Augsburger Bär" (Pericallia matronula) ist ein Nachtfalter aus der Familie der Bärenspinner (Arctiidae). Er ist zusammen mit dem „Wiener Nachtauge" der einzige Vertreter seiner Gattung, der den Namen einer Stadt trägt.

Im nächsten Raum kann der Besucher eine Gottesanbeterin oder einen Goliathkäfer bestaunen. Eine geflügelte, aber im Laufe der Entwicklungsgeschichte flugunfähig gewordene Stabheuschrecke aus Neu-Guinea erreicht eine Länge von 35 Zentimetern und gilt als bisher größtes bekanntes lebendes Insekt der Welt. Ihr Körper ahmt perfekt Zweige nach und ist von ihnen kaum zu unterscheiden. Oder ein anderes Exponat als weiteres Highlight: ein Schmetterlingspaar der Vogelflügler (Ornithoptera procus), bei dem das Weibchen eine Flügelspannweite von über 20 Zentimetern aufweist. In zwei weiteren Räumen sind wunderschöne und farbenprächtige, tropische Schmetterlinge ausgestellt – schließlich war Heinz Fischer lange Zeit in Südamerika forschend und sammelnd tätig – wie auch diverse Arten

aus der Familie der Hirschkäfer (Panzerkäfer, Rentierkäfer, Nashornkäfer) in für uns im Allgemeinen unbekannter Riesengröße. Die Exemplare aus Ostasien, Indien und Afrika stechen durch ihre Farben und Formenvielfalt hervor. Exotisch wirkt der Kometenschweif aus Madagaskar, einer der größten Schmetterlinge der Welt. Aber man sollte sich auch Zeit nehmen zum Begutachten der nicht weniger schönen winzig kleinen Schmetterlinge mit ihrer Mustervielfalt und Farbenpracht, die alle von Heinz Fischer akribisch untersucht, bestimmt und präpariert worden sind.

Mimese und Mimikry

Wer sich genauer umsieht, wird bei den Insekten immer wieder Formen der „Mimese" erkennen. Darunter versteht man die von einigen Tieren ausgeübte Nachahmung von unbeweglichen, auch leblosen Objekten, z. B. Steinen, Pflanzenteilen wie Blätter, Zweige und Rinde, oder tierischen Objekten, wodurch Fressfeinde überlistet werden. Davon ist „Mimikry" zu unterscheiden – eine angeborene Form der Tarnung, die zur Täuschung eines Signalempfängers durch ein nachgeahmtes, gleichsam „gefälschtes" Signal führt. Beispiele hierfür sind die augenähnlichen Zeichnungen auf den Flügeln der zu den Nachtfaltern gehörenden „Eulen". Das plötzliche Zeigen dieser Augenflecken erschreckt den Angreifer und hält ihn vom Erfassen der Beute ab.

Schaukasten mit unterschiedlichen Hirschkäfern.

Das Archäologische Museum

von Siglinde Matysik

Die Existenz eines regional bezogenen, archäologischen Museums in der Stadt Königsbrunn ist dem Schriftsteller und Hobbyarchäologen Hans Einsle zu verdanken. Er gilt als der Pionier der archäologischen Arbeit in Königsbrunn, denn zu seiner Zeit herrschte noch die Ansicht, dass auf dem kargen Lechfeld in früheren Zeiten keine Menschen sesshaft waren und höchstens ein paar Jäger oder Sammler beim Durchstreifen der Gegend etwas verloren hatten. Heute können wir aufgrund der auf den Fluren entdeckten Hinterlassenschaften wie Steinwerkzeuge, Scherben, Schmuck etc., sowie durch die jahrelange Grabungstätigkeit des Bayerischen Landesamts für Denkmalpflege und des Arbeitskreises für Vor- und Frühgeschichte eine kontinuierliche Besiedlung der Hangkante zur Hochterrasse hin von der ausgehenden Steinzeit bis zum Abzug der Römer nachweisen. Hans Einsle war es stets ein Anliegen, der noch jungen Stadt Königsbrunn auch eine reichhaltige Geschichte zu geben. So fand man ihn auf vielen Baustellen hinter der Schubraupe hergehend und Abschiebearbeiten beobachtend, um Spuren unserer Vorfahren in der Vor- und Frühgeschichte zu entdecken. Mit Leidenschaft hielt er Vorträge im Städtischen Friedhof unter dem Motto „Mit festem Schuh-

Stadtplan mit den Grabungsstellen in Königsbrunn.

werk in die Vergangenheit" und versuchte immer wieder, die Bevölkerung für die archäologischen Hinterlassenschaften zu begeistern und zu sensibilisieren. Beim Arbeitskreis für Vor- und Frühgeschichte konnte er mit einer Gruppe Gleichgesinnter Ausgrabungen im Landkreis Augsburg unter der Leitung des Fachheimatpflegers Otto Schneider durchführen und auch bei Feldbegehungen archäologische Relikte sichern. Da aber Geschichte wenig nachvollziehbar ist, wenn man die Funde nur einlagert, drängte er stets bei der Stadtführung darauf, geeignete Räume für die Präsentation der Königsbrunner Vergangenheit zu Verfügung gestellt zu bekommen. Sein beharrliches Drängen zeigte Wirkung. Im März 1993 beschloss der Königsbrunner Stadtrat mit dem damaligen Bürgermeister Adam Metzner an der Spitze, die kulturellen Sammlungen und die Heimatstube der Vertriebenen der Bevölkerung zugänglich zu machen. Dafür standen die freigewordenen früheren Räume der Stadtbücherei mit zweimal je 66 Quadratmeter und ein kleiner Vorraum im Untergeschoss des Rathauses zu Verfügung. Im Eingangsbereich sollte die Fossiliensammlung der Familie Werwein untergebracht werden, im Nebenzimmer Kulturgeschichte der Siebenbürger Sachsen, Sudetendeutschen und Liebenauer sowie Bronzeplastiken des ukrainischen Künstlers Gregor Kruk. Für die archäologischen Exponate war der erste Raum vorgesehen. Allerdings bestand die Auflage, das Museum zur Gautsch im Juni zu eröffnen. Es mussten daher

Modell einer hallstattzeitlichen Siedlung.

eiligst ein museumspädagogisches Konzept entwickelt, repräsentative Stücke für jede Epoche ausgewählt und restauriert, Beschriftungen und Erläuterungstexte entworfen und Grabungspläne für Wandtafeln umgezeichnet werden. Erschwerend kam noch hinzu, dass die Wand- und Tischvitrinen für die Ausstellung erst Ende Mai geliefert werden konnten. Dank des unermüdlichen Einsatzes einiger Mitarbeiter des Arbeitskreises, allem voran des ehrenamtlichen Museumsleiters Rainer Linke, und der fachlichen Unterstützung von entsprechenden Wissenschaftlern und des Fachheimatpflegers Otto Schneider konnte dieses enorme Arbeitspensum fristgerecht bewältigt werden. Das Archäologische Museum konnte am 17. Juni 1993 zum Beginn der Gautsch feierlich eröffnet werden.

Die beispielhaften Fundstücke, Waffen, Schmuck und restaurierte Gefäße geben in chronologischer Reihenfolge einen Einblick in das Leben unserer Vorfahren auf dem Lechfeld. Jedes Jahr kamen immer neue Vitrinen und Fundstücke hinzu. Als 1994 auf dem Gelände der Firma Ampack Gräber der Glockenbecherleute gefunden wurden, entschloss man sich, das gut erhaltene, ca. 4.300 Jahre alte Skelett eines Mannes aus der Glockenbecherzeit in einer originalgetreuen Nachbildung des Grabes im Museum zu präsentieren, um die Bestattungssitten der damaligen Zeit anschaulich erklären zu können. Dieser

Das Grab des Glockenbechermannes.

„älteste Königsbrunner" stellt nun die Hauptattraktion im Museum bei den Besuchern dar. Interessanterweise ist in unserem Gebiet die Bronzezeit mit mittlerweile fünf Gräberfeldern dominierend. Unter den vielfältigen Exponaten befinden sich auch Gefäße dieser Epoche, die mit Zinnfolie überzogen waren und in Deutschland einmalig sind. Nach und nach wurde auch ein ca. vier Meter langes Modell eines an der Hunnenstraße ausgegrabenen keltischen Dorfes aus der Hallstattzeit (um 450 v. Chr.) mit 40 Häusern aufgebaut. Weitere Modelle von Grabhügeln, z. B. mit der Ausstattung eines Fürsten (Museum 4), und des Mithräums bringen den Interessierten die Geschichte näher. An der Südseite hängt ein Wand hoher Stadtplan von Königsbrunn mit einem Verzeichnis der Grabungsstellen, um die Bevorzugung der Hangkante als Siedlungsgelände zu dokumentieren, und einer farbigen Kennzeichnung der Trasse der Via Claudia Augusta im Stadtgebiet, der ersten römischen Trockenstraße nördlich der Alpen, die von Altinum/Italien bis an die Donau führte (Museum 5).

Die intensive Bautätigkeit in Königsbrunn führte zu immer mehr archäologischen Fundstellen, die untersucht und ausgegraben werden mussten. Es mehrten sich die Funde und damit wuchs auch das ausstellungswürdige Fundgut. Sechs Jahre nach der Eröffnung erfolgte dann die dringend notwendige Erweiterung. Die Fossiliensammlung aus dem Vorraum konnte

Bronzezeitliche Gefäße.

thematisch entsprechend im Naturwissenschaftlichen Museum untergebracht werden. Nun wird hier an Wandtafeln die Entwicklung der Keramik mit den Bestimmungskriterien aufgezeigt, die Ausformungen und Muster der jeweiligen Epoche bis hin zur Neuzeit anhand von graphischen Bildern und Scherben dargestellt und Werkzeuge

Riegseemesser (ca. 1400 v. Chr.).

zur Keramikherstellung aus der Vor- und Frühgeschichte gezeigt. Zudem sind in einer Tischvitrine Gesteine und Erze aufgebaut, die beispielhaft erläutern, aufgrund welcher geologischen Voraussetzungen Menschen an bestimmten Plätzen sesshaft wurden. In einem kleinen ehemaligen Büro kann nun das ganze Spektrum der römischen Hinterlassenschaften übersichtlich präsentiert werden. Eine Wandtafel mit der Darstellung des römischen Weltreichs, eine Auflistung sämtlicher römischer Regenten und die Kopien zweier entsprechender Helme, die mit einer Spende der Raiffeisenbank angeschafft wurden, ergänzen den „Römischen Raum". Als optischen Aufhänger stattete das Ehepaar Bernhard-Koppenberger im vergangenen Jahr zwei Figuren mit originalgetreuer Kleidung und Schmuck einer römischen Stadtdame sowie der Uniform und Bewaffnung eines römischen Legionärs aus, darüber hinaus auch noch zwei Schaufensterpuppen im großen Raum mit Gewandung und Ausrüstung eines alemannischen Paares. Da Königsbrunn und der südliche Landkreis Augsburg einen ungeahnten Reichtum an Relikten unserer Vorfahren aufweisen, die teilweise sensationell, in jedem Fall jedoch erstaunlich kunstfertig ausgeführt sind und den Arbeitskreis moralisch verpflichten, die Bevölkerung Anteil haben zu lassen an ihrer großartigen vor- und frühgeschichtlichen Vergangenheit, werden weitere Räumlichkeiten benötigt, um die neuesten archäologischen Exponate den interessierten Besuchern angemessen präsentieren zu können.

Römischer Legionär.

Alemannisches Paar.

Impressionen

Impressionen

Impressionen

160 Impressionen

Impressionen 161

Impressionen

Impressionen

Impressionen

Impressionen

Diagramme zur Entwicklung von Königsbrunn

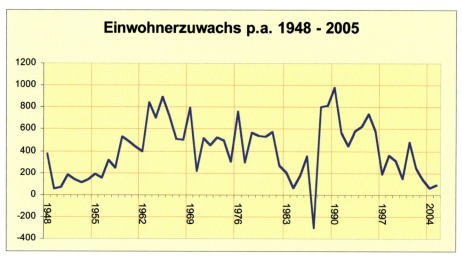

Grafik 1

Grafik 2

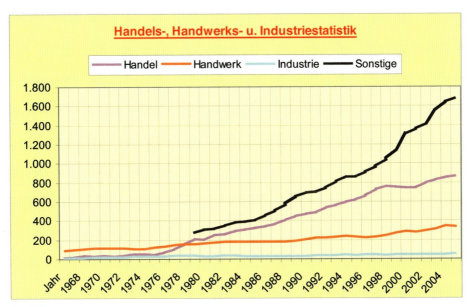

Grafik 3

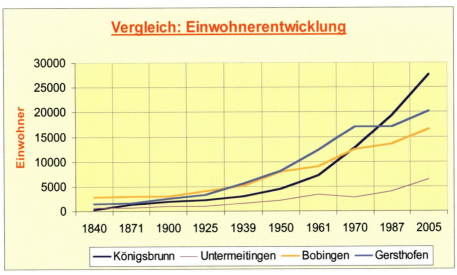

Grafik 4

Diagramme zur Entwicklung von Königsbrunn

Autorenverzeichnis

Altmann, Werner
Jahrgang 1953, Schulleiter des Jakob-Brucker-Gymnasiums Kaufbeuren

Blechschmidt, Gotlind Dr.
Jahrgang 1958, Dipl.-Geographin, Freie Publizistin und Lektorin

Demmeler, Hannelore
Jahrgang 1984, Studentin, Freie Mitarbeiterin der Augsburger Allgemeinen Zeitung, Königsbrunner Zeitung

Engelien-Schmidt, Isabella M.A.
Jahrgang 1960, Archäologin, Museums- und Naturpädagogin

Hauschka, Veronika
Jahrgang 1985, Studentin, Freie Mitarbeiterin der Augsburger Allgemeinen Zeitung, Königsbrunner Zeitung

Kehlenbach, Marion
Jahrgang 1960, Dipl.-Chemieingenieurin, Freie Mitarbeiterin der Augsburger Allgemeinen Zeitung, Königsbrunner Zeitung

Kopp, Birgitt
Jahrgang 1966, Dipl.-Biologin, Geschäftsführerin Verein „Lebensraum Lechtal e.V.", Königsbrunn

Kosch, Manfred
Jahrgang 1959, Historiker

Liebig, Nicolas
Jahrgang 1972, Forstwirt (FH), Geschäftsführer beim Landschaftspflegeverband Stadt Augsburg

Linke, Rainer
Jahrgang 1943, Stellv. Montageleiter i.R., Grabungsleiter des Arbeitskreises für Vor- und Frühgeschichte im Landkreis Augsburg

Lorenz, Susanne
Jahrgang 1971, Archivarin der Stadt Königsbrunn

Matysik, Siglinde
Jahrgang 1952, Hausfrau, Stellv. Grabungsleiterin des Arbeitskreises für Vor- und Frühgeschichte im Landkreis Augsburg

Moritz, Franz
Jahrgang 1952, Leiter des Kulturbüros der Stadt Königsbrunn

Pattak, Rudi
Jahrgang 1948, Verkaufsleiter i.R., Freier Mitarbeiter der Augsburger Allgemeinen Zeitung, Königsbrunner Zeitung

Richter, Martin
Jahrgang 1962, Lehrer, Gymnasium Königsbrunn

Ried, Werner
Jahrgang 1946, Techn. Angestellter i.R., Freier Mitarbeiter der Augsburger Allgemeinen Zeitung, Königsbrunner Zeitung

Schmid, Hermann M.A.
Jahrgang 1956, Zeitungsredakteur der Augsburger Allgemeinen Zeitung

Teichner, Albert
Jahrgang 1951, Justitiar und Leiter des Fachbereichs 2 der Stadt Königsbrunn

Bildnachweis

Erläuterung der Abkürzungen:
l = links, o = oben, ol = oben links, or = oben rechts, r = rechts, u = unten, ul = unten links, ur = unten rechts

Dr. Peter Albrecht: S. 50 r, 51 o, 51 u, 52 ul, 52 r, 53 or, 55, 61 or, 67 ol, 69, 71 l, 75, 76 lu, 79, 82 ul, 82 ur, 83 l, 83 r, 94 l, 95 l, 96 r, 97 ol, 97 ul, 97 r, 98 l, 123, Titelbild

Bayer. Landesamt für Denkmalpflege, München: S. 87r

Bayer. Wasserwacht, Ortsgruppe Königsbrunn: S. 59 l

Dr. Gotlind Blechschmidt, Augsburg: S. 66 ul, 67 ul, 146, 147, 148 l, 148 or, 148 ur, 149, 150 l, 150 r, 151

Auguste Brenner: S. 20 l, 26 l, 30 r

Simon Brixel: S. 134

Elisabeth Christl: S. 56 r, 60 r

Demmeler, Hannelore: S. 63, 68 ol, 68 ul, 105 r, 111, 112, 113 ol, 113 ul, 114, 116, 117 l, 118 l, 130

Walther Engelhardt: S. 16 l

Isabella Engelien-Schmidt M.A.: S. 20 r, 23 l, 135, 135 l, 135 u, 137 l, 137 r, 138 l, 138 r, 139, 140 l, 140 r, 141, 142, 143 l, 143 r, 144 l, 144 r, 145

Evangelische Pfarrgemeinde St. Johannes: S. 127 l, 129 l

Hans Forster: S. 19 r, 22 l, 23 r, 106, 107 l

Fritz-Felsenstein-Haus: S. 54 o

Willem Haegebaert, Augsburg: S. 85, 86 r, 87 l, 90 r

Veronika Hauschka: S. 92

Doris Hivner: S. 102 ur, 105 l, 108

Margarete Hoffers, Lehrte: S. 30 l, 31 l

Karg & Schwarz Architekturbüro, Stuttgart: S. 50 ul

Katholische Pfarreiengemeinschaft: S. 102 or

Königsbrunner Segelclub: S. 62 r, 62 u

174 Bildnachweis

Marion Kehlenbach: S. 124 r, 125, 126 r, 128 r, 129 r, 132 r, 133

Birgitt Kopp und Nicolas Liebig, Augsburg: S. 74 l, 74 r, 76 l, 76 r, 77 ol, 77 ul, 77 r, 78 l, 78 r, 82 or

Kulturbüro der Stadt Königsbrunn: S. 70 l, 71 or, 71 ur, 72 ol, 72 ul, 72 or, 72 ur, 73 ol, 73 r

Günther Lang: S. 61

Lechfeldmuseum: S. 14 r, 15, 126 l

Rainer Linke: S. 9 l, 9 r, 10 l, 10 r, 11, 12 ol, 12 ul, 13 ul, 13 or, 86 l, 89 l, 89 r, 90 l

Jean Louis, München: S. 17

Celina Martignoni-Hanke: S. 25 ul

Colin Matchett, Augsburg: S. 88

Edeltraud Mögele: S. 56 l

Werner Ried: S. 64 or, 65 l, 67 r

Irma Sager: S. 19 l, 121

Gerda Saggin: S. 132 l

Hermann Scharrer: S. 24 r

Staatsarchiv Augsburg: S. 14 u, 16 ur

Stadt Königsbrunn: S. 34 l, 35, 48, 49 ol, 49 ul, 49 r, 50 ol, 52 ol, 53 or, 57 l, 57 r, 61 l, 61 ur, 64 ur, 66 r, 68 r, 81, 94 r, 95 r, 100 u, 115, 119

Stadtarchiv Augsburg: S. 16 u

Stadtarchiv Königsbrunn: S. 21 or, 21 ur, 25 ol, 25 r, 26 or, 26 ur, 27, 28 ol, 28 ul, 29 l, 29 r, 31 r, 32 or, 32 ur, 33 l, 33 r, 34 r, 53 l, 54 r, 58 o, 59 r, 60 l, 64 l, 65 r, 66 ol, 70 r, 71 r, 73 ul, 80, 91, 93 r, 96 l, 98 r, 99 ol, 99 ul, 99 r, 103, 107 r, 109, 110, 117 r, 118 r, 124 l, 127 r, 128 l, 131

Margot Weis: S. 24

Carina Weser: S. 120, 122

Die Personen stammen – sofern nicht anders angegeben – aus Königsbrunn.